倡导青少年培育社会主义核心价值观的故事

平等篇

青|少|年|读|物

共青团中央网络影视中心/主编

台海出版社

图书在版编目（CIP）数据

倡导青少年培育社会主义核心价值观的故事. 平等篇 / 共青团中央网络影视中心主编. －－ 北京 : 台海出版社, 2014.6

ISBN 978－7－5168－0366－0

Ⅰ.①倡… Ⅱ.①刘… Ⅲ.①社会主义建设－价值论－中国－青少年读物 Ⅳ.①D616－49

中国版本图书馆 CIP 数据核字(2014)第 153285 号

倡导青少年培育社会主义核心价值观的故事. 平等篇

主　　编：共青团中央网络影视中心

责任编辑：王　品　　装帧设计：视界创意

版式设计：林　兰　　责任印制：蔡　旭

出版发行：台海出版社

地　　址：北京市朝阳区劲松南路1号　　邮政编码：100021

电　　话：010－64041652(发行,邮购)

传　　真：010－84045799(总编室)

网　　址：www.taimeng.org.cn/thcbs/default.htm

E－mail：thcbs@126.com

经　　销：全国各地新华书店

印　　刷：北京一鑫印务有限公司

本书如有破损、缺页、装订错误,请与本社联系调换

开　　本：655×960　　1/16

字　　数：160千字　　印　　张：14

版　　次：2014年9月第1版　　印　　次：2021年6月第3次印刷

书　　号：ISBN 978－7－5168－0366－0

定　　价：35.00元

前言
FOREWORD

平等是人们尽心竭力追求的目标，也是人类的终极理想之一。自从人类诞生的那一日起，每一个人都在为此奋斗着。

那么，什么是平等呢？平等是人和人之间的一种关系、人对人的一种态度。现代人普遍认为，人和人之间的平等，不是指物质上的“相等”或“平均”，而是在精神上互相理解，互相尊重。

不过，这只是一种比较空泛的说法，具体的平等是什么呢？数千年来，“人人生而平等”是响亮的口号，人们对此没有多大异议。而更为明显的是，平等不可能是绝对的，只能是相对的。什么才算平等，人们需要哪些方面的平等，都是有着社会的、历史的差别。一般来说，“人生而平等”是指享有权利的平等，并不斤斤计较。

历史地来看，人们在何为平等、应否追求平等这样的问题上并不存在多大分歧，困扰、纠缠人们的倒是与此相对的不平等问题。可以说，平等的问题也是由不平等的事实引出来的。人们注目不平等这一事实，力图找出不平等的起源和消除的途径，这也是许多仁人志士所终身致力的事业。

在现实生活中，平等始终与正义紧密相连。在没有实现绝对平等的今天，没有正义，就没有平等。何为正义？柏拉图认为：“各尽其职就是正义”，乌尔比安认为：“正义就是给每个人以应有权利的稳定的永恒的意义”，凯尔森认为：“正义是一种主观的价值判断”，也有人认为正义就是权利和义务的对等。

很明显，真理与谬误、是和非是事实问题，平等与正义则是伦理、法律、道德问题。作为一个伦理、法律和道德的问题，平等和正义有时候在强权、金钱或其他什么面前显得软弱无力，这也是数千年来困扰人们的问题。

虽然时间已经来到了21世纪，但是现实中还会看到很多事实上的不平等，会见到平等的原则被权力所践踏。就此看来，不平等仍然是人们所应致力消除的痼疾，平等仍是人们应积极追求的目标。好在历史的大趋势不容逆转，平等与正义虽或在一时、一地受遏，但却从未被全面战胜，这也正是人类的希望所在。

也正因为如此，我们组织编写了这本《倡导青少年培育社会主义核心价值观的故事·平等篇》，让广大的青少年朋友从小树立平等价值观，追求平等，维护平等，继而在社会上实现普遍的平等。

目录 CONTENTS

弘扬平等博爱，做和谐社会的主人

崇尚平等价值观，反对等级观念

平等篇

追求平等自由的社会环境，倡导平等的交往意识和竞争观念

树立法制面前人人平等的价值观

珍爱大自然，人与自然平等共处

平等篇

增强参与意识，树立平等、开放的发展观念

弘扬平等博爱，做和谐社会的主人

平等是一种观念，博爱是一种精神！一个拥有平等之观念和博爱之精神的人，无论在何时何地，他的身上都会闪烁着人性的光辉。古今中外，无数名人或普通人的故事已经印证了这一道理。

今天，我们的祖国正在大力建设和谐社会。广大青少年朋友现在是和谐社会的受益者，将来还将是主要的建设者和维护者。大家只有树立平等之观念，弘扬博爱之精神，才能有序、高效地完成这一艰巨任务。

唐尧治国不徇私，禅位于舜

【名言】

博爱之谓仁。

——【唐朝】韩愈

【故事】

尧（公元前2377年~前2259年），姓伊祁，名放勋，因封于唐，故又称唐尧或陶唐氏。他不但是陶唐氏部落的著名首领，也是中国历史上最为著名的部落联盟首领之一，被后世尊为五帝之一。

传说，尧非常善于治理天下。他在位期间，曾命羲、和两个人掌管天地，派羲仲、羲叔、和仲、和叔分别掌管东、南、西、北四方；还制定了历法，规定一年为366日，分春、夏、秋、冬四季。在他的治理下，百姓生活安定，都十分幸福。

虽然如此，但尧从来不居功自傲。他始终和普通百姓一样，不但亲自劳动，而且生活也十分节俭。他住在用茅草盖的房子里，屋内的大梁和柱子都是连刨也没有刨的原木做的；吃的是粗粮，喝的是野菜汤；冬天穿着鹿皮做的袄，夏天穿着麻布衣裳；用的器皿都是些泥碗土钵。

由于尧一心为百姓着想，人们都十分敬重他。后来，孔子也对尧大加赞赏："尧这位国君，真伟大呀，最崇高最威严的是上天，唯有尧能像上天那样爱抚人民。那种对人民的宽厚坦荡的爱，老百姓不知怎么说才好。"

不过，再伟大的人也无法逃脱生老病死的自然法则。尧在位70年，到他年老力衰时，想找一个继承他职位的人，于是他就召集四方首领共同商量这件事。

部落首领中有一个人建议让尧的儿子来继承。尧却严肃地说："不行，这人我很了解，他品德不好，专爱跟人家吵架，让他当首领，肯定会耽误我们部落的发展。你们再想想其他合适人选。"

这时，又有一个人提出共工是个人才，尧摇头说："共工能说会道，但不务实。"

最后大家又推说舜是个好人，既孝顺，又仁慈，还有智慧。尧对舜的事迹听说过，就表示给舜一次机会，看看他的能力。

尧让舜参与政事，还把女儿娥皇和女英嫁给他。他们名为夫妻，娥皇和女英却是来观察舜的言行举止的。她们在舜的家里与舜生活在一起，逐渐从所经历的事中了解到一些情况。

她们回去如实的向尧反映：舜的父亲是个盲人，家里还有一个母亲和一个弟弟，母亲是后母，弟弟是后母所生，非常傲慢。后母和弟弟心眼坏，常在一起合计欺负舜。在这样恶劣的环境下，舜不但不怪罪他们，还对父母非常孝顺，对弟弟也慈爱有加，才20岁，舜的孝顺就名扬天下了。

尧听了后很高兴，为了稳妥起见，还想试试他的能力。于是让舜处理部落内部事务，舜把部落事务处理得井井有条，受到尧的赞赏。尧了解到了舜的能力，知道他是个贤德之人，就把位置传给了舜。

舜接位之后，既勤劳，又俭朴，跟老百姓一起劳动，得到大家一致好评。舜年老之后，依照尧的禅让方法，把首领传给了治水有功的禹。

【解读】

唐尧胸怀博大，爱民如子。正因为如此，他才能够得到天下人的拥戴。更加难能可贵的是，他在年老时没有把首领的位子传给儿子，而是传给了德才兼备的舜。他这种治国不徇私的平等精神与日月齐辉，永远闪烁着耀眼的光芒。

高超追求平等，献新法合龙门

【名言】

临官莫如平，临财莫如廉。

——【西汉】刘向《说苑·政理》

【故事】

高超（生卒年不详），北宋时期著名的水利专家。他创造的三节压埽法效果良好，深受北宋科学家沈括的赞赏，被收入《梦溪笔谈》中。

高超年轻的时候只不过是一个治河的河工，识字不多，地位卑微。不过，他并不以此为念。他相信，人的地位虽然有高低，但上天赋予人们的智慧却是一样的。因此，他一直努力学习各种治河技术，希望有朝一日能够派上用场。

庆历年间（宋仁宗赵祯年号，1041～1048 年），黄河水急浪涌，在商胡（今河南省濮阳市东北一带）决了口，淹没了好多良田，百姓也伤亡了不少。附近军民拼力堵塞却无济于事。眼见缺口愈来愈大，朝廷急派管理财政的要员郭申锡亲自前去督察堵口工作。

当时堵塞江河决口采用的办法，是在决口接近合龙的地方，放置一种特殊的大型的堵塞物，叫做合龙门。合龙门通常是用木、苇、竹、草等物并杂以碎石、土块捆缚做成，大约有 60 步长，好像一个巨大的人工“堤坝”，人称“埽”。

郭申锡到任后，即刻命令河工将“埽”的两头扎上大缆绳，把它置入决口之中。谁知搞了几次，不是缆绳绷断，就是“埽”给急流冲走。要不，就是压不住水的浮力，“埽”不能落到河底。一次次努力都失败了，决口愈来愈大。

这时，年轻的高超站了出来，对郭申锡说：“启禀大人，草民有办法。”

郭申锡听说高超识字不多，又见他十分年轻，冷笑道：“高超乳臭未干，肚里没几滴墨水，怎有合龙的高超法?”

高超也不管那双关的挖苦话，缓缓道：“启禀大人，草民虽然年轻，又没读过什么书，但脑子却不比别人笨。请大人且听草民说一说这新法。60 步的埽太长了，所以人力不易将它压下河底，固定它的缆绳再粗也易绷断，所以水流也就难以截断。我建议将埽分为 3 节，每一节有 20 步长，三节之中用绳索连结。合龙时，先放下第一节，等它压到水底，再依次放下第二、第三节。”

高超说完，郭申锡正在思考，一些经验丰富的老河工纷纷叫道：“不妥，不妥。20 步的小埽怎么挡得住河水的冲击、渗透？连用 3 节也断不了水，反而劳民伤财!”

高超申辩道：“第一节埽压下去，河水当然断不了，但水势必定减少一半。将第二节埽压下去，只要动用一半的人力，这时河水自然还不能完全截断，但水流明显减缓了。到压下第三节埽就等于是在地上施工，便当多了。这时，前两节埽都被浊泥淤塞了缝隙，再也不必花费人力去加工了。现在使用的方法才是真正的劳民伤财啊！”

郭申锡听了双方的争论，觉得还是沿用老经验比较可靠，没有风险。于是，他断然否决了高超的建议。堵塞决口的合龙工程在艰难地进行着：努力，失败，再努力，再失败。

时任河北安抚使的贾昌朝认为高超的新法是可行的，便悄悄派了数千人，到黄河下游去打捞郭申锡指挥堵口工程时被流水冲下的埽。拿到了证据，贾昌朝便向朝廷奏了一本。郭申锡被罢了官。新任的官员采纳高超的新法，很快把决口堵塞住了。

【解读】

人的社会地位有高低之分，但上天赋予每个人的智慧却是平等的。高超心怀万民，不愿意劳民伤财，而且坚信自己的智慧并不比读书人低。正是在这种博爱和平等精神的推动下，他才敢于在关键时刻献出自己的新法，造福天下。

荷马坚持拜行吟诗人为师

【名言】

让我们记住，公正的原则必须贯彻到社会的最底层。

——【古罗马】西塞罗

【故事】

荷马（约公元前9世纪~前8世纪），古希腊著名诗人。荷马诞生于希腊境内小亚细亚的一个世袭贵族家庭，自幼便受到了良好的教育。传说，荷马相貌俊朗，英气逼人。他少年时最倾心的是自然山水和神庙建筑。

俗话说“天有不测风云，人有旦夕祸福”，在荷马少年风华的年代，小亚细亚城邦不幸遇上了一场瘟疫。瘟疫整整持续了半年时间，城邦有十分之一的人先后死去。荷马也不幸染上了这种疾病。

在父母和医生的共同的努力下，荷马的性命保住了，但是持续的高烧彻底毁掉了他的视力。在最初的黑暗日子里，荷马以及他的家人都很沮丧和痛苦。

有一次，一个行吟诗人来到小亚细亚城，一边弹竖琴，一边演唱古代的英雄故事。这位行吟诗人的表演炉火纯青，荷马被优美的琴声和悲壮的故事感动得流下了泪水。他当即请求母亲将这位行吟诗人留在家里，教自己弹琴。

行吟诗人被人们视为一个不光彩的行当，很受轻视。母亲犹豫了半晌，缓缓道：“我们在小亚细亚是有身份的人，怎么能留行吟诗人在家呢？这是有失体面的事情。”

荷马反驳说：“行吟诗人怎么了？他们知识渊博，应当得到我们的尊重。请母亲把他留在家里，让我拜他为师吧！”

在荷马的一再坚持下，母亲答应了他的请求。荷马的人生由此发生了质的改变。行吟诗人教育荷马说：“每个人的命运都不一样，有的人一生一帆风顺，有的人一生坎坷。但不管如何，人们享受生命，绽放生命的机会都是平等的。一个人只有通过努力，才能获得成功。”

在老师的教育和母亲的关爱下，荷马逐渐接受命运，开始了他坚定而快乐的生活。3 年后，荷马已经学会了弹琴的技巧，并且学会了用诗歌来吟唱故事。他的琴声和歌声都极有魅力，并引起了人们的广泛关注。

然而，时隔不久，那位行吟诗人却因为旧病复发而离别了人世。但是行吟诗人的吟唱对荷马的影响是深远的。荷马并没有因为老师的离去而放弃吟唱，相反，他对事业的追求更加执著。他觉得只有这样，才对得起自己的老师。

为了吟唱诗歌和收集古老的故事，17 岁的荷马开始离家远行。从此，他风餐露宿，足迹遍布全希腊的大地。在广泛收集民间故事的基础上，在老师的感召下，荷马用自己非凡的想像能力和伟大的创作才华，创作了《伊利亚特》和《奥德赛》这两部史诗。

《伊利亚特》叙述的是希腊人因为绝代美女海伦而与特洛伊人展开

的一场长达数十年的战争；而《奥德赛》描写的是这场战争结束后，英雄奥德修斯漂泊回乡所经历的冒险故事。这些故事将人们带到了一种壮美的爱情和战争之中，感动了成千上万的希腊人，使他们了解了自己先民的历史，并把一种英勇不屈的气质融入了民族的血液。

这两部辉煌史诗，开创了希腊文学的源头，并对世界文学带来了深远的影响，使得一代又一代的人们去诵读，并去追寻荷马的足迹。

1873 年，德国考古学家海因利希·施尔曼在小亚细亚发掘出了荷马史诗中所描写的特洛伊城，从而结束了人们长久以来对荷马作品的疑惑，并彻底确证了荷马史诗的文学及史学价值。之后，欧洲的史学家们将史诗所述说的历史时代（约公元前 11 世纪～公元前 9 世纪），称为“荷马时代”。而意大利著名诗人但丁则将他誉为“诗人之王”。荷马也因为两部史诗而流芳千古。

【解读】

职业只是一种社会分工，没有贵贱高低之分。正是因为荷马能够以平等的态度对待行吟诗人，坚持把他留在家中并拜他为师，才成就了自我。在现实生活中，人们进行职业选择的时候往往戴着有色眼镜，这其实也是一种不平等现象。

罗蒙诺索夫的坎坷求学路

【名言】

虚荣告诉人们什么是荣誉，良心告诉人们什么是平等。

——【美国】马丁·兰多

【故事】

罗蒙诺索夫（1711～1765），俄罗斯著名的科学家。他发现和创立了质量、能量不灭定律，创立了原子—分子特质结构学说、热的动力学说，提出了气体分子运动论，被誉为俄罗斯科学的始祖。

罗蒙诺索夫出生在俄国的阿尔汉格尔斯克省的一个渔民家里，家里很穷，没钱供他上学读书。邻居叶列麦大叔读过几天书，他非常喜欢聪明的罗蒙诺索夫。空闲的时候，他常在沙滩上教罗蒙诺索夫识字。

10岁的那一年，罗蒙诺索夫开始跟爸爸一块出海去捕鱼。每次从海上回来，他都会自告奋勇地帮爸爸把鱼拿到市场上去卖。

有一次，罗蒙诺索夫和爸爸从海上回来晚了，集市上的人很少。为了能把鱼在当夜卖出去，罗蒙诺索夫便挨家挨户地卖了起来。当他来到一个商人家的时候，看见两个孩子正在看书。

罗蒙诺索夫问道："嘿，你们看的什么书，能让我看一眼吗？"

大一点的那个孩子回答说："用你手里的鱼换！"

罗蒙诺索夫说："可以，只要你们能把它借给我，所有的鱼都可以送给你们。"

那个孩子笑着说："我们逗你玩呢！不用你拿鱼来换，只要你把书看完以后，把里面的内容告诉我们就行了。"

罗蒙诺索夫不解地问："你们不是在看吗？还不知道里面是什么内容吗？"

"我们根本就不喜欢书，可是爸爸偏要我们学它，否则我们就要受罚的。"

罗蒙诺索夫说："那我以后就替你们学习吧。"

就这样，罗蒙诺索夫从商人孩子的手里得到了书读。每当他遇到不会的单词时便去问叶列麦大叔，他们常常在一起讨论。这样一来罗蒙诺索夫对书里面的内容不仅记得非常牢固，而且还能说出许多道理来。他去跟商人的孩子们讲书里的内容时，总是说得头头是道，商人的孩子们更愿意把书借给罗蒙诺索夫了。

可是书读得越多罗蒙诺索夫越是不满足，他想到学校里去学习。1730年，19岁的罗蒙诺索夫便背着行囊到莫斯科求学。刚来到莫斯科的罗蒙诺索夫四处打听学校，可接连好几天都遭到了学校的拒绝。当时，俄罗斯的等级制度森严，大部分学校只招收贵族子弟，像罗蒙诺索夫这样出身贫寒的青年想要进入学校学习，简直比登天还难。

眼看罗蒙诺索夫这一次莫斯科之行就要无果而终时，他听说莫斯科的杜季科夫书记官家里要请一个家庭教师，于是他便前去应聘。他来书记官家应聘的那一天，刚刚把姓名和家庭住址说出来，书记官便同意了。

书记官问他：“你来莫斯科多长时间了？”

罗蒙诺索夫回答说：“我刚从阿尔汉格尔斯克来。”

书记官和蔼的笑了起来，缓缓道：“我们是同乡，我也是阿尔汉格尔斯克的人。”

罗蒙诺索夫问：“这是你录用我的理由吗？”

书记官狡黠地一笑，说道：“猜对了，年轻人！你来这里干什么呢？”

罗蒙诺索夫说：“上学。”

书记官问：“在哪一所学校上学？”

罗蒙诺索夫黯然神伤地回答说：“我家里太穷了，没有一所学校愿意录取我。”

书记官略一沉思，缓缓道：“去他的贫穷！穷人和贵族应该受到同等待遇，你说是吗？那就先这样吧，从今天起你来教我的儿子读书！以后有机会再说你上学的事，好吧？”

就这样，罗蒙诺索夫来到了同乡杜季科夫书记官家给他 16 岁的儿子彼基卡补习。半年后，彼基卡正式到学校去上学去了。为了孩子有一个陪读的人，杜季科夫书记官便开了一个假身份证明，证明罗蒙诺索夫也是贵族，让罗蒙诺索夫陪彼基卡上学。

爱读书的罗蒙诺索夫终于走进了大学的校门。罗蒙诺索夫高兴极了，他说，书记官是继叶列麦大叔之后又一位改变他命运的人。

上莫斯科神学院的那一年罗蒙诺索夫已经 20 岁了，他在学校经常被同学们笑话，甚至于还有人叫他傻大哥。可是罗蒙诺索夫并不管这些，他还是认真地学习，结果没出三个月，他便把一年级的课程读完了。

老师让这位好学生跳了级。又过了三个月，罗蒙诺索夫又把二年级的书给看完了，接下来他又跳到了三年级、四年级。罗蒙诺索夫连跳三级的事被学校传为了美谈，从此以后，再也没有人敢叫他傻大哥了。

在莫斯科神学院里，罗蒙诺索夫只用了四年的时间就学完了八年的课程，而且还把图书馆里的书几乎都读遍了。

罗蒙诺索夫毕业的那一年，学校决定选拔 12 名优秀的学生到彼得堡国家科学院大学去深造。罗蒙诺索夫听到这个消息以后，立即报名参加了考试。结果，他以优异的成绩进入了彼得堡国家科学院大学，在这里他仅仅学了一年，便又以优异的成绩被保送到德国马尔堡大学留学。

罗蒙诺索夫的导师是德国著名的物理学家和化学家沃尔夫教授。后来在罗蒙诺索夫毕业的那一天沃尔夫教授说："同学们，在我教过的学生中，我最信赖的学生是罗蒙诺索夫，这不是因为他的成绩优秀，而是因为他是一个善于思考，敢于向老师挑战的人。我认为作为一个学生应该具备这种东西，才有可能超过老师，罗蒙诺索夫是值得我们大家学习的好学生。"

4 年以后，罗蒙诺索夫回到了祖国，来到了彼得堡科学院进行科学研究，并一直在此工作。他在发展俄国文化和教育方面有很大贡献，被认为是俄国唯物主义哲学和自然科学的奠基者。

【解读】

在等级森严的社会里，贵族和穷人不单单是身份上的区别，更多的是社会待遇方面的不平等。出身贵族或富人的孩子有书不愿读，但出身寒微的罗蒙诺索夫却无书可读。这种现象本身就是对人类良心的拷问。好在，任何时候都不乏能以平等观念对待每一个人的博爱之人。文中的书记官就是这样一个人。正是因为他对穷人不存偏见，俄罗斯才多了一个伟大的科学家。

米开朗琪罗成为一代艺术大师

【名言】

对他人平等就是对自己的施舍。

——【法国】孟德斯鸠

【故事】

米开朗琪罗（1475～1564），文艺复兴时期与达·芬奇齐名的艺术大师，也是人类艺术史上最杰出的人物之一。他不仅是画家、雕塑家，而且是天才的建筑设计师。他的绘画代表作《末日审判》被誉为"人体的百科全书"；《大卫》、《摩西》等雕塑作品则是无与伦比的精品。

米开朗琪罗出生在意大利佛罗伦萨附近的一个小镇，父亲是这个镇上的一位行政官员。母亲在他6岁的时候去世了，于是米开朗琪罗便被寄养在奶妈家里。

奶妈的丈夫是一个石匠，米开朗琪罗对石匠每天敲敲打打非常感兴趣，整天跟在石匠后面看他在石头上刻字雕花。有时米开朗琪罗也学着石匠的样子，拿着石刀在一些废弃的石块上刻画。

奶妈看见米开朗琪罗这么喜欢雕刻，于是让石匠给他打了一套小的刀具。在石匠的指点下，米开朗琪罗开始学习雕刻。虽然他的手工和图案都显得十分幼稚，但是他对雕刻真正开始着迷了。

可是米开朗琪罗的父亲认为如果照这样下去孩子将来不会有多大出息，就把儿子接回来，送到了一所拉丁语学校去学习。米开朗琪罗已经热爱上雕刻这门艺术了。他在学校也不忘画画，有时还找来石头把自己画的画雕刻在石头上。

米开朗琪罗喜欢画画触怒了父亲，因为父亲认为一个官员的家庭出了个画家是很低贱的事情。父亲想让他像自己一样，学习法律，将来从政。

但米开朗琪罗就是不愿放弃自己的爱好。为此，他常常遭到父亲的打骂，但这也不能使他改变自己的兴趣，相反地促使他更顽强地学下去。

后来，父亲心平气和地看米开朗琪罗作画，发现儿子很有艺术天赋。这时，他突然觉得画家似乎也不是那么低贱了。他想："与其强迫儿子做他不喜欢做的事情，不如遂了他的心愿。"

在米开朗琪罗13岁那年，父亲把他送到了当时在佛罗伦萨比较有名的一位画家那里去学习。在老师的指导下，米开朗琪罗进步很快，他的临摹作品有时甚至超过老师的水平。有一天，几个学徒正在欣赏老师的一幅肖像画，米开朗琪罗拿起一支粗铅笔在画上改了几笔。老师心中赞叹这位鲁莽的学生改得很好，但却不能容忍这样的学生的举动，便给米开朗琪罗写了几封评价极高的推荐信，让他离开了画室。

一年之后，米开朗琪罗又进入了一所雕塑学校。他的老师是当时的雕塑艺术大师，米开朗琪罗由于有小时候石匠教给他的雕刻基础，加之认真学习和揣摩，他的技艺很快就成熟了。

他用了4年时间在罗马西斯廷教堂的屋顶绘制大幅壁画《创世纪》。其中描绘了数以百计的人物，个个体型健壮魁梧。后来他又花费了5年的时间，继续为教堂绘制壁画《末日审判》，这幅画从另一角度表达了新兴资产阶级的人本主义思想。他绘制的西斯廷教堂壁画和巨型天顶画，被后人公认为是当时最伟大的艺术作品。

米开朗琪罗虽然在绘画方面取得了如此高的艺术成就，但他只将自己当做雕塑家。他刻苦学习、观摩希腊、罗马的古典雕塑，并从中学习刻画人的健康、完美体态的现实主义创作方法。最初，他创作了浮雕《山道儿之战》，而后又完成了雕像《哀悼基督》，这尊雕像卓越的构思、完美的技艺，使他一举成名。以后他又创作了雕像《大卫》、《摩西》和《奴隶》，这些雕像作品都是无与伦比的精品。

《摩西》刻画了摩西嫉恶如仇的神态，强烈而集中地表现了艺术家对祖国和人民苦难的关怀，也反映了人民对拯救时代的英雄人物的渴望。它是米开朗琪罗的代表作之一。许多评论家都认为他是历代最伟大的雕塑家。

米开朗琪罗不仅是伟大的艺术家，也是天才的建筑设计师。在他生命的最后20年里，他领导设计了佛罗伦萨著名的美第奇家族教堂和罗马圣彼得大教堂。直到今天，这两座庄严、富丽的教堂仍然以它精美的雕饰和布局的完美和谐屹立于世界建筑之巅。

米开朗琪罗的最后一件作品是雕塑《隆达迪尼圣母抱耶酥悲恸像》（现存放在米兰的城堡博物馆），这尊雕塑刻画了一个扶着咽了气的儿子的母亲形象。米开朗琪罗一刀一画地一直雕到他生命的最后一天。1564年2月18日，米开朗琪罗死在自己的工作室里。他留给后人的丰富的艺术作品，400多年以来，打动过无数观众的心。他的个人风格和艺术成就在文艺复兴时期标志着西方艺术的最高峰，对后来欧洲的艺术风格产生了深远的影响。

【解读】

心中有不平等的观念，眼中自然可以看到不平等现象，并一再放大它们。米开朗琪罗的父亲就是这样。起初，他自以为官员比艺术家高贵，一再阻挠米开朗琪罗学习绘画。好在天真的米开朗琪罗一再坚持，终于成为了一代艺术大师，成为了艺术世界的主人。如果不是这样，恐怕人们永远都无法看到这位艺术大师的伟大作品。

华盛顿追求博爱，帮助士兵

【名言】

人人生而平等，造物主赋予他们若干不可转让的权利，其中包括生命权自由权和追求幸福的权利。

——美国《独立宣言》

【故事】

乔治·华盛顿（1732～1799），美国独立战争期间的大陆军总司令和首任总统。1789 年，他当选为美国第一任总统，1793 年连任，在两届任期结束后，他自愿放弃权力不再续任，隐退于弗农山庄园。由于他扮演了美国独立战争和建国中最重要的角色，故被尊称为美国国父。历史学家将其与亚伯拉罕·林肯、富兰克林·罗斯福并列为美国历史上最伟大的总统。

乔治·华盛顿虽然是个伟人，但并非后来人所想象的，他专做伟大的事，把不伟大的事都留给不伟大的人去做。实际上，他若在你面前，你会觉得他普通得就和你一样，一样的诚实、一样的热情、一样的与人为善。这是因为他坚信，人人生而平等，每个人都是这个社会的主人。

有一天，华盛顿身穿没膝的大衣，独自一人走出营地。他所遇到的士兵，没一个认出他。在一处，他看到一个下士领着手下的士兵筑街垒。

“加把劲！”那个下士对抬着巨大水泥块的士兵们喊道，“一、二，加把劲！”

但是，下士却把双手插在兜里，连碰都不碰水泥块一下。因为水泥块很重，士兵们一直没能把它放到位置上。

下士又喊：“一、二，加把劲！”

但士兵们还是不能把水泥块放到位置上。他们的力气几乎用尽，水泥块就要滚落下来。

就在这时，眼疾手快的华盛顿快步跑到跟前，用他强劲的臂膀，顶住水泥块。这一援助很及时，水泥块终于放到了合适的位置。

士兵们转过身，拥抱着华盛顿，大声喊道："嘿，伙计，太感谢你了！"

华盛顿抱住一个大个子士兵，笑道："伙计们，这没什么。完全是举手之劳罢了。"

那名一直在喊"加把劲"的下士也来到华盛顿面前，冲着他喊道："刚才真是谢谢你了。不然的话，我的这些愚蠢的士兵不知道什么时候才能筑好街垒。"

华盛顿看了看下士，不解地问："你为什么一直在喊'加把劲'，却把自己的手放在衣袋里呢？"

下士指着自己的肩章，诧异地回答说："你问我？难道你看不出我是这里的下士吗？"

"哦，这倒是真的！"华盛顿说着，解开大衣纽扣，向这位鼻孔朝天、背绞双手的下士露出他的军服。"从肩章看，我就是这里的上将。不过，下次再抬重东西时，请你叫上我！"

下士看到站在自己面前的这个中年人竟然是华盛顿，羞愧得无地自容！

【解读】

伟大的人之所以伟大，一个很重要的方面，就在于他有一颗博爱之心，能够以平等观念看待自己的地位。他决不做故意追求伟大、迫人尊重的人所做出的那种倒人胃口的丑态。在现实生活中，不同地位的人社会分工或许有所不同，但就生命本身而言，众人都是平等的。

林肯追求平等，努力自学成才

【名言】

待人不公比受到不公的待遇更有失体面。

——【古希腊】柏拉图

【故事】

亚伯拉罕·林肯（1809～1865），美国第十六、十七任总统。在总统任期内，他颁布了《解放黑奴宣言》，彻底埋葬了美国的奴隶制；领导美国人民打败了南方奴隶主的叛乱，维护了美国的联邦制度和国家统一。他为民主自由而献身的精神永远被美国人民怀念，也为全世界人民所景仰。他和华盛顿、富兰克林·罗斯福一起被尊为美国历史上最伟大的总统。

1809年2月12日，林肯出生在肯塔基州哈丁县霍尔以南3英里的一个伐木工人家庭里。小时候家里很穷，他没机会上学，每天跟着父亲在西部荒原上劳动。林肯在田里干完活之后，傍晚还要去野外捡树枝、挖树根、弄柴火，把它们背回家，堆到房子旁边，以供全家做饭和取暖之用。

每次看到别的孩子去上学，林肯都非常羡慕。有一次，他告诉父亲说自己想和别的孩子一样，可以背着书包到学校上学。

然而，让林肯没有想到的是，父亲非常坚决地拒绝了他，对他说道："像我们这些每天开荒种田的农民，根本用不着到学校去上学识字。只要我们身体健康，有足够的干劲儿和勇气就足够了。"

多年后，林肯回忆说："我一生中进学校的时间，加在一起总共不到一年。而且，我的童年简直就是一部贫穷的简明编年史。"

虽然父亲拒绝了他的要求，但林肯并不灰心丧气。他心想："为什么别的孩子能够去读书识字，而我不行呢？难道我和他们有什么不一样的地方吗？不，我还是想多认识一些字。到时候，我就可以和别人一样看书了。"

从此之后，林肯常常利用空闲学习。由于他想上学、识字的欲望很强烈，所以非常好学，一有机会就向别人请教，没钱买纸笔，他就在土沙地上和木板上练习写字。放牛、砍柴、挖地时，他也不忘往怀里揣上一本书。休息的时候，他一边啃着粗硬冰凉的玉米饼子，一边津津有味地看书。晚上，他在小油灯下常读书到深夜。

林肯9岁的时候，母亲去世了。这对一个9岁的孩子来说无疑是一个残酷的打击。1819年11月的一个傍晚，一个美丽亲切的女人出现在林肯家的小木屋前。10岁的亚伯拉罕·林肯对这位新妈妈一开始就抱有好感：或许是因为当她把母性的目光投向这个没有母亲的孩子时，他就看到并理解了她。

自从萨拉来了之后，家务事就不用小林肯操心了。他又可以抽出更多的时间来读书。萨拉发现，小林肯对知识有着强烈的渴望。他经常躺在地板上就着昏黄的灯光阅读那些神奇的故事。《圣经》、《天路历程》、《鲁滨逊漂流记》、《伊索寓言》、《一千零一夜》，小屋里仅有的这几本书，他读了一遍又一遍。

然而，他的这种做法让父亲非常不理解。父亲时不时地就嘲笑儿子两句："看，我的儿子打算把这些书给吃了！"

但是，萨拉却对此表示理解和支持。她认为在他阅读的过程中尽量不要去打扰他，直到他自己放弃为止；她帮他做了一个属于自己的书架；此外，她还鼓励他自己修建一个小火炉，这样他就可以借助火光来阅读了。

看到小林肯如此的喜爱读书，萨拉就给他找来更多的书。在11岁生日的时候，林肯得到了一个惊喜：一本他盼望已久的《英语缀字课本》。这些书可乐坏了他，他欣喜若狂地徜徉在书的海洋中。

1823年秋末的一天，林肯又一次忐忑不安地把压在自己心里的想法告诉了萨拉："妈妈，人家说，阿泽尔·多西要办一所学校。我真希望也能去。"

萨拉很高兴，她决定支持儿子。在她的坚持下，林肯的父亲终于同意了他读书的请求。这对于林肯这一个注定将成为伟人的人具有决定性的影响。

等到林肯稍微长大一点儿之后，就离开家乡独自一人外出谋生，他什么活都干，打过短工，当过水手、店员、乡村邮递员、土地测量员，还干过伐木等力气活。不管干什么，他都非常认真负责，诚恳待人。

有一段时间，林肯在一家商店做售货员，工作十分认真。一天晚上，林肯在结账的时候发现多收了客人一分钱。他觉得应该把钱还给客人，于是告诉了商店的老板。老板说："就一分钱，客人不会在乎的，你就自己留着吧！"

小林肯却很坚决地告诉老板："虽然只是一分钱，但只要是别人的东西，我就不能拿。"老板没办法，只得让小林肯去还钱。小林肯只记得那位客人的样子，并不知道他的姓名。他边走边问，花了两个多小时才找到了那位客人，终于把钱还给了对方。

由于诚实、好学、谦虚，林肯每到一处，都能得到周围人的喜爱。

就这样，林肯通过刻苦的自学和不懈的努力，终于积累了渊博的知识，养成了坚毅的品格，最终登上了美国政坛的最高峰。

【解读】

在青少年的眼中，平等是天经地义的事情。他们认为，别人可以做的事情，我也可以做；别人在做的事情，我也要做。只要条件允许，家长或老师都要努力支持他们的想法，使之付诸实践。这是帮助青少年树立平等观念最快、最有效的途径。

布拉格不惧寒微，勤学成才

【名言】

只要世界上还存在一部分不得不服从另一部分人的现象，平等就无从谈起。

——【英国】威·吉尔伯特

【故事】

威廉·亨利·布拉格（1862～1942），英国当代著名的物理学家。布拉格出身贫寒，父母都没有上过什么学。但他们都知道获取知识的重要性，不愿意让孩子也像自己一样没有文化，吃苦受难。他们拼命干活，省吃俭用，一心想把儿子培养成为一个有学问的人。

布拉格是个懂事的孩子，他深知父亲的一番苦心。他珍惜每一分、每一秒的学习时间，每次在班级、年级里考试，总是名列前茅。老师对他的成绩十分满意，在开家长会的时候对他的父亲说道：“布拉格先生，我认为您的孩子是个出色的学生，他的前途很广阔。您应该把他送到更高等的学府里去学习。”

“我同意您的看法，可是……”老布拉格很为难地说道。

“啊，我知道您的家庭情况，要负担起这么一大笔学费确实不容易。这样吧，我和校方协商一下，争取能使您的孩子获得深造的机会！”

“真是太感谢您了，我想，布拉格不会使您失望的。”老布拉格紧紧地握住了老师的手。

校长是一个非常有爱心的中年人。他了解了情况，立即同意将布拉格免费保送到威廉皇家学院继续深造。有人提出反对意见说：“威廉皇家学院招收的学生大多都出身名门，您把布拉格推荐上去，这不符合传统。”

校长反驳说：“人生而平等，每个孩子都应该获得平等的教育机会。我推荐布拉格到威廉皇家学院深造，并不是出于同情，而是因为他确实值得我这么做。先生们，不要忘了，不管出身如何，这些孩子都是这个社会未来的主人。”

威廉皇家学院的院长知道了布拉格并非出身名门后，一直在摇头。但当他看到布拉格的考试成绩时，大出意外，不但决定把布拉格接收下来，还准备授予他一笔助学金。

就这样，布拉格到威廉皇家学院上学去了。临行前的晚上，父亲感到有些难过，他深沉地说：“孩子，你要走了，我真为你高兴，我想，在那里你会有一片更广阔的天地。你要珍惜这难得的机会，好好干！”

母亲从箱柜里拿出一个小包袱，叹了口气，说道：“唉，真是不好意思，孩子要去外面读书了，也没有一件像样的衣服。”

“是啊，”父亲忧伤地拍着小布拉格的肩膀，“按理说，你到那种地方念书，确实应该有一套像样的衣服才是。可是家里实在是没钱了……”

“爸爸，我知道了，我是去念书的，不是去和那些贵族公子们比吃穿的。何况，不管我身上穿着什么，我的灵魂都是洁净的。这一点，我和别人没有任何区别。”

布拉格虽然这样说，但因为穿着寒酸，他还是经常遭受一些富家子弟的讽刺和挖苦。特别是那双与他的脚极不相称的大皮鞋，在众多擦得乌黑发亮的皮鞋中，显得特别丑陋。

那些富家公子们就以此寻开心，甚至侮辱他，说这双皮鞋是偷来的。一次，一个公子哥儿看见布拉格迎面走来，就故意嚷嚷道：“臭小子，怎么还没把你偷的那双破皮鞋扔掉，小心它的主人找上门来。”

布拉格反驳道：“你胡说什么，这双皮鞋是我爸爸的。”

“哈，只怕也是你爸爸从别人那里偷来的吧？”

“你……”布拉格气得咬牙切齿，真想上去把这个家伙教训一顿。

“想打架吗？这可是违反校规的，再说了你也打不过我。”那个家伙满不在乎地说道。

布拉格竭力压制着怒火，回敬道：“只有心灵懦弱的人才会用拳头解决问题。”

说着，布拉格转身离开了。他的身后传来一阵富家公子们得意的笑声：“穷小子，没有钱趁早就别念了，还是快点滚回你的老家去吧，哈……”

这些话像针一样刺进了布拉格的心，他发誓：一定要在成绩上让这些富家公子们刮目相看。令他没有想到的是，因为成绩太优异，反而惹得那些富家子弟更加嫉妒他了。他们竭尽全力地造谣诬陷生事，一心想把布拉格挤出学校去。布拉格为了自己难以得到的学习机会，总是一忍再忍，把全部精力都放在了学习上。

但是，这些恶毒的流言，最终还是传到了负责纪律操行的学监耳朵里。一天下午，布拉格被学监召到了办公室。

一进门，他就发现坐在大办公桌后面的学监，脸色冷峻，双唇紧闭，两只眼睛射出威慑的光芒，紧紧地盯着布拉格脚上那双又破又大的皮鞋。布拉格喃喃地说道：“老师，我知道您为什么把我叫来，这些流言不是事实，这儿有一封信，您看完就明白了。”

说着，他掏出一张折得起了毛的纸，交给学监。学监接过纸片，随着他的目光在纸片上的移动，学监那铁青的脸色逐渐消失。

纸片上面写着：“孩子，家里总想给你买双新鞋，但是很抱歉，今年只挣够了你的学费……但愿再过一两年，父亲的那双破皮鞋，你穿在脚上不再嫌大，因为你长大了。如果这双鞋你都能对付，那么以后就没有你克服不了的困难了……”

学监缓缓放下手中的纸片，动情地说：“亲爱的布拉格，虽然你的穿着无法和贵族子弟相比，但你们的灵魂是平等的。我相信，你们不久的将来都会成为这个社会的新主人的。”

校方澄清了事实，那些造谣生事者也得到了应有的批评和警告。从此，那些富家子弟们再也不敢找布拉格的茬儿了。不久，布拉格也因为成绩优异被推荐到著名的剑桥大学深造去了。

【解读】

在现实生活中，人们的财富不大可能实现平等，总会有穷人和富人之分。但不管是贫，还是富，生命本身都是平等的。在同等条件下，每个人都应该享有平等接受教育权。布拉格不以出身寒微为念，坚持灵魂平等，努力学习，终于成为了一代著名的物理学家。他的精神永远值得人们学习！

战场上美丽的“白衣天使”

【名言】

我们平等的相爱，因为我们互相了解，互相尊重。

——【俄国】列夫·托尔斯泰

【故事】

南丁格尔（1820～1910），著名护理专家，近代护理学的创始人。她用平凡的一生为人类保健事业作出了重要贡献。

南丁格尔出生在一个富裕的家庭，从小就受到善良父母的熏陶，立志一生都要为穷人和病人服务。南丁格尔年轻时，在德国的一所教会学校学习护理，勤奋好学的南丁格尔掌握了许多护理知识。

1853 年，克里米亚战争爆发了。那年，33 岁的南丁格尔已是一所医院的护士长。战争进行到第二年，英国对俄宣战。一天，南丁格尔看到一家报纸报道说：“在前线英国军队不仅没有足够的医生、包扎员和护士，而且连作绷带的纱布也不够用。”

看完报道后，南丁格尔的心中充满了痛苦和焦虑，一连好几天，她都在沉思，渐渐地萌发去前线护理伤员的想法。

终于有一天，南丁格尔鼓起勇气对医院的院长说：“我想带着几个人去前线对伤员进行护理。”

这个想法使院长大吃一惊。19 世纪中期的欧洲，人们对妇女仍抱有偏见，妇女担任公职都会遭到忌妒和反对，更何况要上前线去，保守的院长说啥也不同意这件事。

可南丁格尔很坚决，她说：“我已经下定决心，请您答应我吧！没有比这个办法更好的办法了，如果派我去前线，许多士兵的生命都将被挽救回来。”

但是，保守的院长眉头紧皱，说什么也不同意。

南丁格尔回到家里，十分沮丧，她始终闷闷不乐。得知她的想法之后，父母很为她担心。几经周折，他们终于找到陆军大臣。经过父母的恳求，南丁格尔终于能够到前线去了。过了几天，由修女组成的 38 人的医疗护理队，在南丁格尔的带领下奔赴前线。

惨不忍睹的战争景象让她们无比震惊，同时，她们的工作热情也被激发出来。伤兵在野战医院里随处可见，有断了手脚的、有患了痢疾的等等。老鼠和臭虫在病人身边乱窜，污腥的血迹布满发黑的床单。臭烘烘的屋子里，每个人的脸上都充满了绝望。

刚刚来到这里，南丁格尔一行人就立刻开始打扫卫生，清理污物。一开始，医院的医生们对这一群白衣女子很不习惯，总是处处刁难她们。但是，南丁格尔和她的队员对此却毫不在意，她们全心全意地投入到自己的工作中。她们日以继夜地工作着，每天的工作都长达 20 个小时。

在她们的努力下，整个野战医院很快就焕然一新。伤员的死亡率由原来的 40% 下降到 2% 。南丁格尔和她的队员们被深受感动的伤员们称为战场上美丽的“白衣天使”。

1856 年，克里米亚战争结束后，英国政府已经把她当做英雄了，英国政府为了欢迎这位英雄，特意为她组织了隆重的欢迎仪式。可是南丁格尔却化名成“史密斯小姐”，悄悄地回到了伦敦。

1860 年她用公众捐助的南丁格尔基金在伦敦泰晤士河边的圣·托马斯医院创办了“南丁格尔护士学校”，这是世界上第一所正式的护士学校。从此由南丁格尔开创的战地护理事业和护理学校在全世界得到推广。

为了护理事业，南丁格尔终身未嫁，她把毕生的精力都用在了护理事业上。南丁格尔逝世后，为了纪念她的业绩，人们在伦敦市中心为她竖立了一尊雕像，还把她的生日——5 月 12 日定为“国际护士节”。

【解读】

在很长一段历史时期内，女人一直被视为男人和家庭的附庸。为了得到与男人同等的社会地位，包括南丁格尔在内的许多女性进行了不懈的努力。如今，世界各国基本都已将男女平等写进了法律，也都基本实现了男女平等。事实证明，只要给予女性平等的机会，她们也能像男性一样，成为社会的主人。

海伦不自暴自弃，最终成才

【名言】

对一个有优越才能的人来说，懂得平等待人，是最伟大、最正直的品质。

——【爱尔兰】理查德·斯蒂尔

【故事】

海伦·凯勒（1880～1968），19世纪美国著名的盲聋女作家、教育家、慈善家、社会活动家。她以自强不息的顽强毅力，在安妮·莎莉文老师的帮助下，掌握了英、法、德等5国语言，完成了她的一系列著作，并致力于为残疾人造福，建立慈善机构，被美国《时代周刊》评为美国十大英雄偶像，荣获“总统自由勋章”等奖项。

1880年，海伦·凯勒出生于美国南部阿拉巴马州的塔斯堪比亚镇。一岁半以前，她曾是一个健康聪明的小女孩。可是，突如其来的一场高烧引起的并发症夺去了她的视力和听力。紧接着，她又丧失了语言表达能力，成了一个真正的聋哑人。

在黑暗和寂寞的世界里，小海伦的生活一片混沌，她变得愚昧而乖戾，几乎成了无药可救的废物。可是，她的父母和亲人并没有因此而放弃，而是给予了她更多的爱。他们相信，小海伦虽然又聋又哑，但他拥有和别人一样追求幸福的权利。

1887年，一个最重要的影响海伦一生的人来到了她的身边，这个人就是家庭教师安妮·莎莉文。她不仅在学习上是海伦的老师，而且在生活上也是她的好朋友，给了海伦无尽的爱和帮助。

莎莉文老师首先带着海伦去触摸身边的各种物品，使她对自己所处的世界有了一个具体的感知。然后，她在海伦的手心里拼写这些物品的单词，使她知道了每一事物的名字。

等到海伦稍稍长大了些，莎莉文老师又通过手语告诉她："上帝造就每个人的时候倾注的心血都是相同的。每个人，不管是贫穷抑或富有，不管疾病还是健康，都应该同样拥有追求幸福的权利。"

渐渐地，海伦从迷惘中走了出来，还亲切地称呼莎莉文老师为安妮。

海伦在 8 岁时，进入了波士顿的帕金斯盲校学习。在校期间，她在著名声学专家沙拉·赫拉的指导下，学习用触摸嘴唇的方法练习发声。经过无数次的练习，海伦凭着顽强的毅力，终于说出了第一个完整而且发音清楚的句子。这对于一个聋哑人来说，几乎就是不可能完成的事情，一时间，小小年纪的海伦成了一个众所周知的人物。

海伦 16 岁时，为了得到更高等的教育，她萌发了上大学的念头，并且选择了世界闻名的哈佛大学作为自己的目标。

有人劝她说："你定的目标太高了。好多正常人都无法考进去，你怎么能够考上哈佛呢？"

海伦·凯勒笑了笑，用手语回答说："除了眼睛看不见，耳朵听不见，嘴巴说不出话之外，我也是一个正常人！别人能够做到的事情，我也能做到。你知道，上帝造就每一个人的时候倾注的心血都是相同的。"

她先到哈佛大学附属的剑桥女子学校读预科班。经过 3 年的艰苦学习后，海伦凭着坚实的基础以及非凡的毅力，顺利通过了哈佛大学拉多克利夫女子学院的入学考试，取得了哈佛大学的入学资格。

进入大学后，海伦对知识的渴求比常人更强烈。当别的同学在外面嬉戏、唱歌的时候，她却花费很多时间努力学习。最后，海伦以优异的成绩从美国拉多克利夫学院毕业，成为了一个学识渊博，掌握 5 种文字的著名作家和教育家。她赢得了世界各国人民的赞扬，并得到许多国家政府的嘉奖。

1968 年 6 月 1 日下午，87 岁的海伦·凯勒在睡梦中去世了。这位在出生后 18 个月就因一场大病失聪失明的聋哑人，走完了她奇迹般的一生。世界各国政府和民间组织纷纷发来唁电，悼念这位世纪伟人！

【解读】

坚强的海伦坚信上帝在造人的时候倾注的心血都是相同的，从而用自己的勤奋战胜了重重困难，成为举世闻名的作家和教育家。人生在世，不可能什么事情都一帆风顺，总会遇到一些困难。这个时候，不妨想想，人生而平等，别人能够克服的困难，自己必然也能克服！

迪斯尼在逆境中不忘平等博爱

【名言】

人生来就是平等的，自然在身体和精神各方面平等地创造人。

——【英国】霍布斯

【故事】

迪斯尼（1901～1966），美国当代著名的艺术家和商人，迪斯尼世界的创始人。他创造的一系列卡通艺术形象，如米老鼠、唐老鸭等，给孩子们带来了无限的欢乐。

迪斯尼的父亲是一个农场主，他自幼在田野里长大。迪斯尼热爱美丽的田园风光，经常在田野里到处游荡，寻找新奇好玩的事物。他最喜欢小动物，经常兴奋地追逐树林里草丛中的兔子、狐狸和松鼠。他也会仰起头来，看着老鹰、云雀和燕子在湛蓝的天空中鸣叫和飞翔。童年的美好回忆，为他后来的卡通创作提供了素材。

有一次，父亲到镇上去了，迪斯尼和妹妹欢呼起来，他们可以尽情玩耍了。迪斯尼用刷子蘸着煤焦油，在家里洁白的墙壁上画了起来，小猫、小狗、小老鼠，兄妹俩不一会儿就把墙壁全画满了。当他们发现黑色的印记无法擦掉时，已经来不及了。父亲回来后，尽管非常生气，却没有过多责怪他们。迪斯尼的绘画爱好因此保留下来。

迪斯尼 16 岁时，美国卷入了第一次世界大战。热爱和平的迪斯尼参军去了法国，在战场上捍卫人类的尊严。战争结束后，一位机灵的同伴看到了发财的机会，他发现士兵们都想带些战争的纪念品回美国，而战败国德国兵的钢盔，是最受欢迎的战争纪念品。

于是，他便让迪斯尼在钢盔上画漫画，画一个钢盔给他 5 法郎。迪斯尼高兴地答应了，他设计了一个狙击手瞄准射击的姿势，画在钢盔上，效果很传神，大家看了都很喜欢，钢盔很快就卖光了。这次战场的合伙生意，不仅满足了迪斯尼的绘画兴趣，还使他赚了一笔钱。

从欧洲战场回来，他决心以自己的绘画技能谋生。先是给别人绘画，后来决定组建自己的公司。1920 年，迪斯尼与好友伊沃克斯开了一家伊沃克斯暨迪斯尼公司。1920 年 1 月 29 日，迪斯尼在报纸上看到堪萨斯一家幻灯厂广告公司正在招聘一位绘画师。这正是迪斯尼梦寐以求的工作——画在银幕上活动的角色（卡通片雏形）。

为了理想，迪斯尼毅然出门远行，来到堪萨斯城谋生。编辑部周围有一个较好的艺术氛围，这也正是他所需要的。但主编阅读了他的作品后大摇其头，认为作品缺乏新意而不予录用。这使他感到万分失望和颓丧。和所有出门打天下的年轻人一样，他初尝了失败的滋味。

后来，他终于找到了一份工作，替教堂作画。可是报酬极低，他无力租用一室，只好借用一家废弃的车库作为临时办公室。他每天就在这充满汽油味的车库里辛勤工作到深夜。尤其烦人的是，每次熄灯睡觉时，就能听到老鼠吱吱的叫声和在地板上的跳跃声。为了第二天有充足的精力去工作，他忍耐了。也许是太累了，他一躺着地板就能呼呼大睡。就这样一只老鼠和一名贫困的画家和平共处，倒也使这个荒弃的车库充满生机。

有一天，当疲倦的迪斯尼抬起头，他看见昏黄的灯光下有一对亮晶晶的小眼睛。是一只小老鼠，如果是在几年前，他会设计出种种计谋去捕杀这只老鼠，但是现在他选择不，一只死老鼠难道比活老鼠更有趣吗?

战场上血肉横飞的场景和生活的磨难给了迪斯尼一个非常重要的启示：所有的生命都是平等，人类只有以博爱之心对待众生，才有资格做这个社会和自己的主人。那只可爱的小老鼠不正和自己当前的处境一样吗？它虽然卑微，但生命却充满激情!

迪斯尼微笑着注视这只可爱的小精灵，可是它却像影子一样溜了。窗外风声呼啸，他倾听着天籁的声响，感到自己并不孤单，好歹有一只老鼠与他为邻，它还会来的，像羞怯的小姑娘，带着这种信念，他埋头工作。

那只小老鼠果然一次次出现，不只是在夜里。他从来没有伤害过它，甚至连吓唬都没有。它在地板上做着多种运动，表演精彩的杂技。而他作为唯一的观众，则奖它一点点面包屑。渐渐地，他们互相信任，彼此间建立了友谊。老鼠先是离他较远，见他没有伤害它的意思，便一点点靠近。最后，老鼠竟敢大胆地爬上他工作的画板，并在上面有节奏地跳跃。而他呢，决不会去赶走它，而是默默地享受与它亲近的情意。

不久，年轻的画家离开堪萨斯城，被介绍到好莱坞去制作一部以动物为主的卡通片。这是他好不容易得到的一次机会，似乎看到理想的大门开了一道缝。但不幸得很，他再次失败了，不但因此穷得毫无分文，并且再度失业。

多少个不眠之夜他在黑暗里苦苦思索，他怀疑自己的天赋，怀疑自己真的一文不值，他在思索着自己的出路。终于在某天夜里，就在他潦倒不堪的当儿，他突然想起了堪萨斯城车库里那只爬到他画板上跳跃的老鼠，灵感就在那个暗夜里闪了一道耀眼的光芒。

迪斯尼迅速爬起来，拉亮灯，支起画架，立刻画出了一只老鼠的轮廓。有史以来，最伟大的动物卡通形象——米老鼠就这样平凡地诞生了。

米老鼠改变了人们对老鼠的印象，它是那么可爱，那么多情，那么勇于冒险、行侠仗义；米老鼠的故事又极富想象力和幽默感。因此，米老鼠的卡通片一炮打响。迪斯尼也被人们称为“米老鼠之父”。

【解读】

著名作家奥斯特洛夫斯基曾说：“人的生命的洪水奔流，不遇着岛屿和暗礁，难以激起美丽的浪花。”逆境要么使人变得更加伟大，要么使人变得更加渺小。迪斯尼经历了无数逆境，也在无数次逆境中成长为了一位伟人。因为他不但有一颗博爱的心，还有一个闪耀着平等精神的灵魂。

肯尼迪渴望温情，反对冷漠

【名言】

不公正的东西实在无益于人；公正的东西至少无损于人。

——【英国】亨·乔治

【故事】

约翰·菲茨杰拉德·肯尼迪（1917～1963），美国第三十五任总统。他是美国历史上最年轻的总统，也是最富有的总统。

1917年5月29日，肯尼迪出生于马萨诸塞州布鲁克林的一个富豪家庭。他的祖父由一个普通的爱尔兰移民跻身于波士顿政界，父亲通过个人奋斗成为腰缠万贯的大富豪，曾出任驻英国大使。肯尼迪生活在这样一个显赫的富豪之家，自幼便享受着优越的生活和教育环境。

然而，肯尼迪在享受巨大家族财富的时候，似乎从来都没有觉得自己有个家的感觉，至少在这些豪宅中没有一个特别的地方是属于他自己的。有一次，一个年轻的姑娘跟他一起回家的时候，吃惊地发现他竟然像一个外人一样穿过空无一人的房子，窥视一下父亲的房间，又看看自己的橱柜抽屉，然后收拾起所有放在外面的东西，好像过去从来都没有见过这些东西一样。

其实这和他的母亲有很大关系，母亲罗斯的频繁出门总让他很不开心。童年时候的约翰非常喜欢读书，由于经常生病，使他很少有到户外活动的机会。于是，他就经常一个人待在家里读书。虽然他酷爱读书，但是他却尽量避免不让自己变成一个书呆子。

约翰的个性很强，有时还会指责别人。曾经有一次，妈妈罗斯告诉大家，自己准备到加利福尼亚旅行一个星期的时候。杰克叫唤了起来："嘿，你真是个了不起的妈妈，自己出门却把孩子们统统留在家里。"

约翰对父亲的出差很不满意，不过，母亲的外出就让他更加无法容忍了，每次妈妈要宣布出去旅游的时候，他总是号啕大哭，惹得妈妈非常恼火。结果，她就更加疏远这个焦躁恼人的儿子了。慢慢地，约翰对母亲的外出也习以为常。

虽然约翰不想让妈妈总是外出，但是，母亲在身边也不一定是什么好事情，因为母亲总是坚持要求遵守严格的行为规则，这让约翰非常郁闷和恼火。

妈妈在家里的时候，总是用从圣心女隐修会学校的修女那里学到的传统习惯管理这个家庭。约翰曾经在回忆中说道："她是个意志顽强、始终如一、细致地遵守规矩的人，盲目信奉整洁、秩序和礼节。有点不食人间烟火。"

他觉得母亲好像从来都没有爱过自己。也正是这种原因，使得约翰总是反抗妈妈，拒绝听从她的宗教戒律和家庭清规。

有一次，在受难节上，妈妈要求孩子们祈祷得到安息，但是约翰却说自己更希望得到两条小狗。还经常打断母亲背诵圣经故事，并提出一些大逆不道的问题，好比：耶稣在被钉死在十字架上的时候，他是骑着毛驴进入耶路撒冷的，那么他的毛驴到底怎么样了呢？耶稣死了之后，谁来照看他的毛驴呢？

另外，约翰还通过把房间弄得乱七八糟、把浑身弄得脏兮兮以及上餐桌的时候磨磨蹭蹭来表示自己对妈妈的不满和反抗。

由于父母经常不在家，约翰的哥哥小约瑟夫就在弟弟妹妹面前担当了父亲的角色。哥哥的这种角色对于约翰来说几乎是一种威胁。即便是犯了一个很小的错误，小约瑟夫也会毫不留情地狠揍约翰一顿。而且，哥哥还经常逼迫他这个身体非常虚弱的弟弟参加一些根本就无法取胜的比赛。

有一次，哥哥又逼迫约翰和自己比赛骑自行车。约翰本来不想比赛，但是，畏惧哥哥的暴力，所以就和哥哥进行比赛，他们骑着自行车绕着屋子飞驰。结果，两个人都想战胜对方，都相互用车挤对方，由于车速太快，谁也不愿服输，最后导致了撞车。约翰鲜血淋淋地被送进了医院去缝撞裂的伤口。

约翰最初在一所天主教学校学习，后来转入到新英格兰圣公会的乔特中学。中学毕业后，父亲把他送进了伦敦经济学院，但是，一场黄疸病很快结束了他在伦敦经济学院的生活，并使他失去了考取普林斯顿大学的机会。

约翰虽然总是在心理上对哥哥不是很服气，但是，哥哥几乎成了他心理上的阴影，他的任何方面都无法与哥哥相比，好比：身体、运动、学习等等，即便是在大学期间的学习，也远远落后于哥哥的成绩。

正是在这些事情的刺激下，肯尼迪成年后一直努力追求平等与博爱。他不但平等地对待别人，也希望别人能够平等地对待自己。

【解读】

父母和孩子之间到底应该建立一种怎样的关系呢？千百年来，人们一直在努力探索，但始终没有得到统一的标准答案。与孩子建立一种介乎父母和朋友之间的平等关系是目前人们最认可的方式。父母对孩子的冷漠，具有非常强大的杀伤力，很可能会影响孩子的一生。

与人分享，实现真正的平等

【名言】

为权利而斗争是权利人对自己的义务。

——【德】耶林《为权利而斗争》

【故事】

在一个小城的郊区住着一位守墓人。他一连好几年都会在每周的同一天收到一封来信。信是一个陌生的妇人寄来的，信里还附着钞票。妇人要求守墓人每周给她儿子的墓地放一束鲜花。守墓人想："这是一位伤心而又博爱的母亲，我得成全她的爱心。"

于是，守墓人每周都会去买一束鲜花，放在年轻人的墓前。不过，时间一长，他的心里隐隐产生了一种不满之情。

有一天，妇人来郊区的墓园找守墓人。那天，一辆小车停在公墓大门口，司机匆匆来到守墓人的小屋，说："夫人在门口车上，她病得走不动，请你去一下。"

一位上了年纪的妇人坐在车上，表情有几分高贵，但眼神哀伤，毫无光彩。她怀抱着一大束鲜花。

"我就是亚当夫人。"她说，"这几年，我每个礼拜给你寄钱……"

"买花。"守墓人答道。

"对，给我儿子。"

"我一次也没忘了放花，夫人。"

"今天我亲自来，"亚当夫人温存地说，"因为医生说我活不了几个礼拜了。死了倒好，活着也没意思了。我只是想再看一眼我儿子，亲手来放一些花。"

守墓人眨巴着眼睛，苦笑了一下，决定再讲几句："我说，夫人，这几年你常寄钱来买花，我总觉得可惜。"

妇人反问道："可惜？"

守墓人回答说："鲜花搁在那儿，没几天就干了。没人闻，没人看，太可惜了！”

妇人又问：“你真的这么想的？”

守墓人喃喃地说：“是的，夫人，你别见怪。我是想起来自己常去医院、孤儿院，那儿的人可喜欢花了。他们爱看花，爱闻花香。那儿都是活人，可这墓地里哪个活着？”

妇人没有作声。她只是小坐一会儿，默默地祷告了一阵，没留话便走了。守墓人后悔自己一番话太率直、欠考虑，这会使她受不了的。

可是几个月后，这位老妇人又忽然来访，把守墓人惊得目瞪口呆，她这回是自己开车来的。

“我把花都给那儿的人们了。”她友好地向守墓人微笑着说，“你说得对，他们看到花可高兴了，这真叫我快活！我的病也好转了，医生不明白是怎么回事，可是我自己明白，我觉得活着还有些用处，他们需要我的爱。你看，我找到了活着的真正意义！”

【解读】

人们生活在同一个美丽的世界，鸟语花香的环境有赖于每一个人的努力，只有把爱与人分享，我为人人，人人为我，这世间才会美好，才值得留恋。这才是真正的博爱，真正的平等！如果人人都能做到这一点，懂得与人分享，世界将变得更加美好温馨！

顽皮的普京拥有一颗博爱之心

【名言】

现在的社会，无论从哪一方面看，除了平等的信条外，再没有别的基础。

——【法国】皮埃尔·勒鲁

【故事】

弗拉基米尔·普京是俄罗斯第三、第四和第六届总统，曾被美国

《时代》周刊选为2007年年度风云人物。

普京于1952年10月7日生于列宁格勒市（现圣彼德堡市）中心巴斯科夫胡同的一幢五层楼的大杂院里。这幢楼很简陋，没热水，没洗澡间，厨房很小，还是公用的。楼梯一侧有锈迹斑斑的铁栏杆。楼道里经常有好多老鼠出没。普京和他的小朋友们常常用棍子驱赶老鼠。

普京的父亲参加过卫国战争，在一次战斗中身负重伤，一条腿落下终身残疾。战后复员到列宁格勒车辆厂，先后任工长和车间党支部书记。母亲没什么文化，做过清洁工，夜间为一家面包房接货。后为某实验室洗试管，还在某寄卖店当门卫。父母在41岁的时候生下了普京，所以普京被称为“迟来的孩子”。作为家里的独苗，普京自幼就受到全家人的疼爱。

普京是8岁开始上学的，像许多孩子一样，普京不大愿意上学，他更喜欢跟小朋友们整天在大院里玩，但又不得不走进校门。学校就在他家住的那条胡同里，到校只有几分钟的路程。起初，每天的第一堂课普京差不多都要迟到，而且冬天他根本就来不及好好穿衣服。

由于他根本不喜欢上学，所以，每次在做练习题的时候就什么也做不出来了。于是，他就想尽一切办法去偷看邻桌同学的练习题，而且，每次都能够偷看成功。老师在上课的时候，他经常会钻到桌子下面，等到老师发现的时候，他就会告诉老师自己的钢笔丢了或者是铅笔掉在地上了。

然而，在课间休息的时候，他又会到学校的各个楼层对整个学校做一次课间视察。就这样，在上四年级的时候，绘画和音乐全都得了2分，使得在升五年级的时候费了很大一番周折才升了上去。然后，他又在街头交了一些流氓朋友，和那些孩子们一起抽烟、说脏话甚至还喝酒。在普京看来，这些人说话很有意思。不过，他最后还是对这些人产生了反感，于是，就离开了他们。

和普京一个班级的同学们都是在三年级就当上了少先队员，而普京直到六年级才戴上红领巾。有一次，整个班级在集体农庄劳动之后被送到了列宁格勒。临走之前，德米特里耶夫娜老师要求学生们发一份平安电报。所有的同学都给老师发了一份平安电报，而普京却这样告诉老师说：“列宁格勒的天气杀害了普京。”

在八年级的时候，普京在一次毕业晚会上和别人打赌自己能够吃下20个馅饼。结果，20个馅饼倒是吃完了，而自己却坐在那里撑得不能动弹。

普京虽然十分顽皮，但却明辨是非，具有很强的平等观念。一年夏天，德米特里耶夫娜老师一家到南方去。在普京父母的请求下，她也带上了普京。他们在那里租了房间住下来。第二天早晨，房东家的母猫下了一窝猫崽儿。可房东的太太很喜欢干净，认为这些猫会把自己的房间弄脏，就把所有的小猫全都扔进了泔水桶里。

房东太太的举动正好被德米特里耶夫娜老师的女儿看到了。她赶快跑到普京的房间里面，把普京拉了出来，让他去把那些小猫给捞出来。结果，在捞上来以后，有两只小猫已经死了，另外3只被救了下来。

普京对房东太太的行为非常气愤，但是他什么都没有说，甚至还帮助她从商店里拿东西回家。然而，有一次普京在外面给老师全家买来了一根香肠，切开后大家就坐在那里吃。女主人看见他们在吃香肠，就来到普京身边用乌克兰语说："我多么想吃香肠啊！我可以加入吗？"

德米特里耶夫娜老师刚要邀请房东太太坐下来吃香肠，话还没有说出来呢，普京却马上拒绝了让房东太太坐下来吃香肠。德米特里耶夫娜老师觉得不太合适，就在房东太太悻悻地走了之后，问普京为什么不让房东太太吃香肠。

普京回答道："她淹死了两只小猫，她简直是个恶棍，我是不会请这些恶棍吃东西的。"

德米特里耶夫娜老师听完这番话，默默的点了点头，赞许地说："弗拉基米尔说的很对，没有爱心、不懂平等之人是没有资格和我们一起吃香肠的。"

【解读】

顽皮是孩子的天性，但博爱、平等之精神也同样是孩子的天性。如果一个孩子在很小的时候就带着有色眼镜看这个世界，认为世界上这也不公平，那也不公平。这不是孩子的错，而是大人的错。给孩子营造一个博爱、平等的生长环境，才能让他们更加健康地成长，更好地成为未来社会的主人。

我们的每个孩子都是好孩子

【名言】

每一个正直的人都应该维护自己的尊严。

——【法国】卢梭

【故事】

有一天，一家报社的记者来到一所在当地非常有名的学校采访。他问校长：“你们以考试成绩来衡量学生的学习好坏吗?”

“不，”校长回答很果断，“考试仅仅是一种辅助手段。除了成绩，更重要的，老师还要写详细的评语。”

记者又问：“那么对你们来说，一个好学生的标准是什么呢?”

校长看着记者探询的目光，半天才说出一句：“我们没有好学生、坏学生之分。”

记者惊讶地问：“从来不评好学生、三好学生什么的?”

校长坚决的回答说：“从来不评。”

记者又问：“学习成绩不好总算缺点吧?”

“不。”校长回答又是很果断，“有的孩子英语成绩不太好，可他进校的时候一句英语都不会说。他做了很大努力，有了很大进步，这不能叫缺点，而叫优点。”

“那么，班里有班长吗?”记者又想起了好学生的另一个标志。不过在这里并没有发现孩子的臂膀上挂着几道杠的。

“班长是什么?”校长又搞不懂了。

“就是学生头，帮老师收收作业什么的，”记者抢着回答，“就是学生自己选的小干部，有时帮助组织些班级活动。”

“从来没有，”校长终于听明白了，说，“所有的孩子都是一样的，没有小干部。如果需要的话，每个孩子都会帮助老师的。我们为低年级班级配备了助理老师，协助老师做些教具的准备工作。”

记者原本想问如何惩罚坏孩子，现在人家不分好坏，只好改口：

“如果有孩子不努力学习，不完成作业怎么办?”

“经过鼓励和帮助，现在我们没有不爱学习的孩子。也许刚进校的时候有。学校培养他们爱老师、爱同学、爱学校。老师像他们的大姐姐、大哥哥、爸爸妈妈一样。因此他们都很愿意按照老师的要求去做。离开学校两天，他们就都会想老师想学校了。有的孩子从新加坡到这里读书，上二年级，他爱他的澳大利亚老师，甚至从此爱吃澳洲牛排。”

记者于是又刨根问底：“如果有的学生不按老师的要求去做怎么办?”

校长仍旧是不慌不忙地回答：“老师会找他谈话，从鼓励入手，比如师生间可达成协议，给几次机会，或许老师会问：‘你是怎么答应我的?’另外老师和家长也会很好地合作……最后问题都会解决的。”

“那你们有没有调皮捣蛋的孩子?”记者特别想知道他们学校到底有没有坏孩子，如果有，是什么样的?

“没有捣蛋的，有顽皮的。”看来校长是始终和他的学生坐在一条板凳上的。

记者并不满足，非打破砂锅问到底不可：“什么是顽皮呢?”

“比如有一次我们带他们去一个游泳馆游泳，一个孩子当着管理人员的面说：‘这是我到过的游泳馆中最差的一个。’我们给他讲了道理，这是不尊重别人，怎么能当着人家的面这样说话呢?后来这个孩子向管理人员道了歉。”

记者采访完校长，心有不甘，又到学生中间去体验。两天后，他发现，一切果真和校长说的一模一样。学校里没有好孩子和坏孩子之分，因为每个孩子都是好孩子。

【解读】

俗话说，没有不称职的孩子，只有不称职的父母和老师。孩子本无好孩子和坏孩子之分，每个孩子都像一张白纸一样。所谓的坏孩子也都是家长和老师培养出来的。只要以平等的态度，用足够的爱心来教育我们的孩子，他们都会成为好孩子。

崇尚平等价值观，反对等级观念

人们之所以追求平等，正是因为社会上历来存在不平等现象。在等级制度森严的奴隶和封建社会，不平等现象是由政治制度所决定的。在人人平等的今天，不平等现象则主要是因为根深蒂固的等级观念在作怪。身居高位者自以为高人一等，身份低微者自以为低人一等。如此一来，不平等自然而然地就出现了。

因此，想要真正的实现平等，我们除了大力崇尚平等价值观之外，还要反对等级制度，反对等级观念，将那些藏在内心深处的等级观念远远地丢开。

周幽王烽火戏诸侯，丧命亡国

【名言】

国尔忘家，公尔忘私，利不苟就，害不苟去，惟义所在。

——【西汉】贾谊《新书·阶级》

【故事】

周幽王姬宫湦（公元前795年~前771年）是中国历史上著名的昏君。在位期间，他不管国家大事，只知道吃喝玩乐，打发人到处找美女。有个大臣名褒珦，他几次劝谏幽王，周幽王不但不听，反让褒珦下了狱。

褒垧在监狱里被关了三年，褒家的人千方百计要把褒珦救出来。他们听说幽王喜欢美女，就在乡下买了一个漂亮的姑娘，教会她唱歌跳舞，把她打扮起来，献给幽王，替褒珦赎罪。这个姑娘算是褒家人，叫褒姒。

周幽王得了褒姒，高兴得不得了，就把褒珦放了。他十分宠爱褒姒，可是褒姒自从进宫以后就闷闷不乐，没有露过一次笑脸。

周幽王想尽办法叫她笑，可她怎么也笑不出来。周幽王说："有谁能让王妃娘娘笑一下，就赏金千两。"

有个叫虢石父的人，为了得到赏金，想出了一个鬼主意。原来，周王朝为了防备犬戎的进攻，在骊山一带造了很多烽火台，每隔几里就有一座。如果有敌人，把守第一道关的兵士就把烽火烧起来；第二道关上的兵士见到烟火，也把烽火烧起来。这样一个接一个烧着烽火，附近的诸侯见到了，就会发兵来救。

虢石父对周幽王说："现在天下太平，烽火台长久没有使用了。如果把烽火点起来，附近的诸侯见了肯定会赶来援助的。娘娘见这么多兵马扑空，肯定会笑起来的。"

周幽王拍着手说："好极了，就这么办。"

有个叫郑伯友的大臣听说了这件事就去劝阻周幽王说，烽火台是为了战时救急用的，这个玩笑开不得。大王现在这样戏弄诸侯，失信于他们，如果到了真有急事时，诸侯又以为大王在戏弄他们，不派兵相救，那如何是好啊。

周幽王满不在乎地说："我是天子，他们理应听我的。戏弄一下他们又何妨?"

郑伯友听了这话，不禁摇头道："你不把诸侯当臣子看待，他们以后肯定也不会拿你当大王看待的。"

到了晚上，周幽王真的派人把烽火点了起来。临近的诸侯得到这个警报，以为敌人打过来了，赶快带领兵马来救。没想到赶到那儿，连敌兵的影儿也没有，只听到山上一阵阵奏乐和唱歌的声音，大伙儿都愣了。

周幽王派人告诉他们说，辛苦大家了，这儿没什么事，不过是大王和王妃放烟火玩儿，你们回去吧！诸侯知道上了当，都憋了一肚子气。有的诸侯干脆说："什么天子，一点不知道体恤臣子，简直不把我们当人看！等着吧，以后鬼才来救你呢!"

褒姒看见城墙外来了好多兵马，乱哄哄的，就问周幽王是怎么回事。周幽王一五一十告诉了她。褒姒真的笑了一下，周幽王见褒姒开了笑脸，就赏给虢石父千两金子。

后来，犬戎进攻镐京。周幽王听到消息后，连忙下命令把骊山的烽火点起来。可是诸侯因为上次上了当，谁也不来理会他们。结果犬戎兵一到，镐京就被攻破了。犬戎大军像潮水一样涌进城来，把周幽王、虢石父杀了，把褒姒也给抢走了（一说被杀）。

【解读】

在生活和工作中，上下级隶属关系是一种普遍存在的现象。上下级的职能有所不同，地位也有差异，但人格和尊严都是平等的。周幽王不能平等地对待天下诸侯，将他们视为玩物，玩弄于鼓掌之上，终于落下了个丧命亡国的下场。他的这种行为应该引起人们的警惕。

魏文侯任用人才，敬重大臣

【名言】

公者无私之谓也，平者无偏之谓也。

——【清】何启

【故事】

魏文侯（？ ~前396年），名斯，魏国百年霸业的开创者，从公元前445年封侯至公元前396年去世，在位执政49年。魏文侯在战国七雄中首先实行变法，改革政治，奖励耕战，兴修水利，发展封建经济，北灭中山国（今河北西部平山、灵寿一带），西取秦国西河（今黄河与洛水间）之地，使魏国成为了战国初期最为强大的国家之一。

周王朝末期，中央统治昏弱无能，各诸侯国互相攻伐征战兼并领地，扩张势力，以期称王称霸。魏文侯为富国强邦广征英才贤士，辅佐成其霸业。他言出必诺，并表现得非常虔诚。臣下魏成向他推荐卜子夏、田子方、段干木三位贤德之士，魏文侯都拜为国师，留在身边随时请教。

更令人感动的是他每次经过段干木的住宅时，都要在车上俯首行礼，以示尊敬。他虔诚敬贤的事迹传开后，四方贤德之士接踵归附。魏文侯的虔诚还表现在他能虚怀若谷，倾听臣下的劝谏。

有人问魏文侯："您是一国之君，他们都是你的臣子，你为何向他们行礼呢?"

魏文侯回答说："我是国君，他们是臣子，这一点不错。正因为如此，我才更加要尊重他们，平等地对待他们。不然的话，谁还敢在我面前讲真话呢?"

有一天，魏文侯与国师田子方一起饮酒。乐师奏乐助兴，钟鼓琴瑟，管弦丝竹，好不热闹。忽然，文侯侧耳倾听一会，缓缓道："编钟的乐声有些不协调，好像左边高。"

田子方微微一笑，不以为然。魏文侯十分诧异：“你笑什么？”

田子方躬身一揖，诚恳地说：“臣下我听说，国君懂得任用乐官，不必懂得乐音。现在国君您精通音乐，我可担心您会疏忽了任用官员的职责。”

魏文侯听罢，欣然接受，起身道谢，并称赞说：“国师您说得太对啦！我一定记住这些衷言。”

大将乐羊攻打中山国，尽占其地，魏文侯把这些领地封给自己的儿子魏击。他得意地问群臣：“我是什么样的君主？”

大家异口同声说：“您是仁德君主！”

只有任座不肯阿谀，直言说：“国君您得了中山国，不用来封您的弟弟，却封给自己的儿子，这算什么仁德君主！”

魏文侯闻听此话，勃然大怒，任座拂袖愤然离去。魏文侯又问翟璜，翟璜回答说：“您是仁德君主。”

魏文侯问：“你何以见得？”

翟璜说：“臣下我听说，国君仁德，他的臣子就敢直言。刚才任座的话很耿直，于是我知道您是仁德君主。”

一席话，说得魏文侯有所领悟，转怒为喜，立刻派翟璜去迎任座回来，并亲自迎下殿堂，奉为上宾。

魏文侯不仅对自己的臣子虔诚守信，就是对一般百姓也是言出必诺。有一次，魏文侯大摆酒宴与群臣同乐，菜香酒醇，鼓乐喧天，君臣喝得意酣情浓，神彩飞扬。正欢乐间，外面风雨大作，见此情景，魏文侯放下玉爵，起身招呼侍臣备车。

群臣对国君的突然决定感到奇怪，不解地问：“我们君臣饮酒正在兴头上，外面又下着大雨，国君打算到哪里去呢？”

魏文侯挥挥手，说：“郊外山野。”

大家都疑惑地你瞅瞅我，我望望你，谁也不知道大王究竟要干什么。魏文侯怕扫了群臣的兴头，于是耐心解释说：“我与山野村长约好今天去打猎，虽然这里很快乐，也不能不遵守那边的会面约定。”

群臣说：“天降大雨，根本不能进山打猎，您现在去也白去。”

魏文侯回答说：“虽然不能进山打猎，但我也不能爽约啊！山野村长还在等着我呢！我只有平等地对待子民，他们才会在寡人面前说真话，才会设身处地地为寡人着想啊！”

说完登上车，亲自奔赴山野之中与相约之人见面，告诉他，今天下大雨不能去打猎，特来相告。山野村长听后，很受感动，暗暗称赞：“大王，真信人也！”

【解读】

身居高位者想要听到别人对自己的真实评价，或者想要别人直言相劝，就要以平等的姿态对待别人。魏文侯身居高位，但始终能够以平等的姿态对待身边的大臣和百姓。这是他赢得群臣拥护，百姓爱戴的主要原因。他的这种精神和胸怀永远值得人们学习！

晏子使楚，巧对楚王的戏弄

【名言】

有公心必有公道，有公道必有公制。

——【西晋】傅玄《傅子·通志》

【故事】

春秋时期，齐国有位大夫名叫晏子。晏子虽身材矮小，但能言善辩。有一次，齐王派他出使楚国。当时，齐国和楚国都是大国，实力相当，谁也不服谁。

楚国人知道晏子身材矮小，故意在城门的旁边开一个小门，要晏子进去，借此挫一挫齐国的威风。

晏子到了楚国，迎接他的一个官员说：“请晏子大夫走这里。”

晏子看了看那个门，对接待的人说：“这是个狗洞，不是城门。只有访问‘狗国’，才从狗洞进去。我在这儿等一会儿。你们先去问个明白，楚国到底是个什么样的国家？”

接待的人立刻把晏子的话传给了楚王。楚王只好吩咐大开城门，迎接晏子。

晏子见了楚王，楚王瞅了他一眼，冷笑一声，说：“难道齐国没有人了吗，怎么派您做使臣？”

晏子严肃地回答：“齐国的都城临淄有7500户人家，人们一张开袖子，天就暗了下来；一起洒一把汗水，就会汇成一场大雨；街上行人肩膀靠着肩膀，脚尖碰着脚后跟，怎么能说没有人才呢？”

楚王说：“既然这样，为什么会派你当使臣呢？”

晏子装着很为难的样子，说：“您这一问，我实在不好回答。撒谎吧，怕犯了欺骗大王的罪；说实话吧，又怕大王生气。”

楚王说：“实话实说，我不生气。”

晏子拱了拱手，说：“齐国派遣使臣，要根据不同的对象，贤能的人被派遣到贤能的国王那里去，没本事的人被派遣到没本事的国王那里去。我晏婴最没本事，只好出使到贵国来了。”

楚王听了觉得很没面子，为了缓解压抑的气氛，楚王就设宴招待晏子。当酒喝到尽兴的时候，有两个差吏押着一个囚犯来见楚王。楚王问：“被绑着的人是干什么的？哪里人？”

差吏回答说：“是齐国人，犯了偷盗罪。”

楚王笑嘻嘻地看着晏子，意味深长地说：“齐国不是很富有吗，怎么偷盗起来了？”

楚国的大臣们听了，都得意扬扬地笑起来，以为这一下可让晏子丢尽了脸了。哪知晏子面不改色地离开座位，郑重地回答说：“我听说，橘子树长在淮河以南结出的就是甘甜的橘子，长在淮河以北结出的就是苦涩的枳子，它们仅仅叶子相似，果实味道却不同。这是什么原因呢？是水土不同。百姓生活在齐国不偷盗，来到楚国就偷盗，莫不是楚国的水土使人喜欢偷盗吗？”

楚王听了苦笑着说：“圣人就是圣人啊，可不能跟圣人开玩笑啊！我原来想取笑大夫，没想到反让大夫取笑了。”

晏子见楚王开诚布公地说出了自己的想法，也趁机道：“齐国和楚国都是东方的大国，只要两国和平相处，平等对待对方的人民，就不会有今天这种让人尴尬的事情了。大王想通过戏弄我让齐国丢脸，我自然要以其人之道还治其人之身了！大王开诚布公地对待我，这不但是对我的敬重，也是楚国的敬重，我自然要以礼来服侍大王！”

楚王听了这话，心下大喜，便对群臣说：“寡人和你们都要学习大夫的这种精神和胸怀啊！”

【解读】

平等是与人交往的过程中是最重要、最基本的原则。以诚待人者，人必以诚待之。起初，楚王想尽一切办法，想要戏弄晏子。晏子便以其人之道还治其人之身，弄得楚王十分尴尬！等楚王开诚布公的时候，晏子也说出了自己的心里话，以礼相待。

赵武灵王推行胡服骑射变法

【名言】

公家之利，知无不为，忠也。

——【先秦】左丘明《左传·僖公九年》

【故事】

赵武灵王（约公元前340年~前295年），战国时期赵国最有成就的国君之一。他的父亲赵肃侯，曾多次出兵攻打魏国，严重削弱了魏国的百年霸业。公元前326年，赵肃侯死了，年仅15岁的赵武灵王即位。

魏惠王得知消息后立即联合楚、秦、燕、齐四国以会葬为名，各派一万精兵，准备趁赵国新君即位的时候攻打赵国。

对少年赵武灵王来说，父亲的葬礼实在是凶险，搞不好赵国就会被五国联军灭掉。在赵肃侯的托孤重臣肥义的帮助下，赵武灵王决定采取针锋相对的强硬应对措施，抱着鱼死网破的态度，摆开决战的架势来迎接这些居心叵测的吊唁使者。

赵武灵王命令来会葬的五国军队不得进入赵国边境，只许五国使者携带各国国君的吊唁之物入境。魏、秦、齐见赵国重兵待客，戒备森严，不得不打消了要占赵国便宜的念头。魏惠王发起的五国图赵的阴谋就这样被赵武灵王挫败了。

赵武灵王即位的时候，赵国正处在国势衰落时期，一些小国也经常来侵扰，更不要说那些大国了。在和一些大国的战争中，赵国常吃败仗，大将被擒，城池被占。赵国眼看就要被别国兼并，已到了生死存亡的时刻。

赵国地处北方，经常与林胡、楼烦、东胡等北方游牧民族接触。赵武灵王看到胡人在军事服饰方面有一些特别的长处：穿窄袖短袄，生活起居和狩猎作战都比较方便；作战时用骑兵、弓箭，与中原的兵车、长矛相比，具有更大的灵活性和机动性。

赵武灵王认识到，只有机动灵活的骑兵，才是增强赵国军事力量的唯一出路。同时，只有改穿胡服，才能适应骑兵作战的需要。

为了富国强兵，赵武灵王提出“穿胡服、练习骑射”的主张，决心取胡人之长补赵国之短。可是“胡服骑射”的命令还没有下达，就遭到了许多皇亲国戚的反对。他们的理由很简单，胡人是落后野蛮的民族，赵国是中原大国，怎么能向他们学习呢？

公子成等人也以“祖宗的传统不能丢”为理由，拒绝接受变法。

赵武灵王驳斥他们说：“德才皆备的人做事都是根据实际情况采取对策的，怎样有利于国家的昌盛就怎样去做。只要对富国强兵有利，何必拘泥于古人的旧法。胡人虽然是落后的民族，但他们也有值得我们学习的地方。”

赵武灵王抱着以胡制胡，将西北少数民族纳入赵国版图的决心，冲破守旧势力的阻拦，毅然发布了“胡服骑射”的政令。赵武灵王带头穿着胡服去会见群臣，在军队中强行推广胡服，并学着胡人的样子训练将士，让他们骑马射箭，转战疆场，并结合围猎活动进行实战演习。

在赵武灵王的亲自教习下，国民的生产能力和军事能力大大提高，在与北方民族及中原诸侯的抗争中取得了胜利，最后使赵国成为了战国七雄之一。

【解读】

不同民族进入文明的时间有早晚，但每个民族都有自己的长处。以平等的态度对待其他民族，取长补短，方能自立于世界民族之林。赵武灵王不以有色眼镜来看待胡人，向他们学习“胡服骑射”，终于使赵国成为了战国七雄之一。这就是一个明证。

柳季诚实公正，不因人而异

【名言】

大道之行也，天下为公。

——《礼记·礼运》

【故事】

战国时期，列国争霸，小国国君整日惶恐不安，不知道厄运哪天就会降临。鲁国有个宝贝，叫作岑鼎。这只岑鼎形体巨大，气势宏伟雄壮，鼎身上还由能工巧匠铸上了精致美丽的花纹，让人看了有种震慑心魄的感觉，不由得赞叹不已。鲁国的国君非常看重和珍爱岑鼎，把它看作镇国之宝。

鲁国的邻国齐国幅员广阔、人口众多，国力很是强盛。为了争夺霸权，齐国向鲁国发起了声势浩大的进攻。鲁国较弱，勉强抵挡了一阵就全线溃败了。鲁国国君只得派出使者，去向齐国求和，齐国答应了，但是有个条件：要求鲁国献上岑鼎以表诚意。

鲁国的国君很是着急，不献吧，齐国不愿讲和；献吧，又实在舍不得这个宝贝，如何是好呢？

正在左右为难之际，鲁国有个大臣出了个主意："大王，齐人从未见过岑鼎，我们何不另献一只鼎去，量他们也不会看得出来。这样既能签订和约，又能保住宝贝，难道不是个两全之策吗？"

"妙啊！"鲁国国君拍手称是，大喜道，"就照你说的这么办！"

于是，鲁国悄悄地换了一只鼎，假说是岑鼎，献给了齐国的国君。齐国国君得了鼎，左看右看，总觉得这只鼎虽也称得上是巧夺天工，但似乎还是不如传说中那样好，再加上鲁国答应得这样爽快，自己又没亲眼见过岑鼎，这只鼎会不会是假的呢？又能用什么方法才能验证它的真伪呢？要是弄得不好，到手的是一只假鼎，不仅自己受了愚弄，齐国的国威也会大大受损。

齐王思前想后没有法子，只得召集左右一块儿商量。一位聪明又熟悉鲁国的大臣出点子说：“臣听说鲁国有个叫柳季的人，非常诚实，是鲁国最讲信用的人，毕生没有说过半句谎话。我们让鲁国把柳季找来，如果他也说这只鼎是真的，那我们就可以放心地接受鼎了。”

齐王忧虑地说：“柳季再诚实也是鲁国人啊！万一他为了鲁国的利益，对寡人撒谎怎么办呢?”

大臣回答说：“臣听说，这个柳季不但诚实，而且十分公正，绝对不会因为对象不同而欺骗自己的良心的。”

齐王同意了这个建议，派人把这个意思传达给了鲁国国君。

鲁国国君没有别的路可走，只得把柳季请来，对他把情况讲明，然后央求他说：“就请先生破一回例，说一次假话，以保全宝物。”

柳季沉思了半晌，严肃地回答道：“您把岑鼎当作最重要的东西，而我则把公正诚信看得最为重要，它是我立身处世的根本，是我用一辈子的努力保持的东西。现在大王想要微臣破坏自己做人的根本，来换取您的宝物，恕臣不可能办到。”

鲁国国君听了这一番义正辞严的话，知道再说下去也没有用了，就将真的岑鼎献给了齐国，签订了停战和约。

【解读】

世间一切有形之宝物皆可以金钱来定价，但公正、诚实、平等则是无价的，任何宝贝都不能与之相比。正如柳季所言一样，这些东西是做人之根本，在任何情况下都不能丢掉！当然，柳季的做法也是值得人们思考的一个命题。那就是当个人做人的原则与国家利益相冲突的时候，人们应该如何取舍?

“王侯将相，宁有种乎?”

【名言】

人人好公，则天下太平；人人营私，则天下大乱。

——【清】刘鹗《老残游记》

【故事】

公元前221年，秦始皇统一天下，建立了中国历史上第一个中央集权的封建国家。为了维护自己的独裁统治，秦始皇焚书坑儒，大肆推行惨刑酷法，弄得民不聊生，天怒人怨。秦始皇死后，他的儿子胡亥继位，是为秦二世。秦二世不知收敛，继续推行暴政，终于引起了百姓的反抗。

公元前209年7月，我国历史上第一次农民起义爆发了。那一年，阳城的地方官派了两个军官，押着900名民夫到渔阳去防守。渔阳就是现在北京市郊的密云县，在遥远的北方，这其中便有陈胜和吴广，渔阳离他们的家乡有好几千里，他们被指定为屯长，没日没夜地拼命向渔阳方向赶路，害怕耽误了规定到达的日期。

陈胜年轻时，就是个有志气的人。他跟别的长工一块给地主种田，心里常常想：我年轻力壮，为什么这样成年累月地给别人做牛做马呢？总有一天，我也要干点大事业出来。

有一次，他跟伙伴们在田边休息，对伙伴们说："如果我将来富贵了，不会忘了老朋友的！"

大伙听他这么一说，都禁不住笑了。有人对陈胜说："你现在给人家当雇农，穷得不得了，连锄头犁耙都不是自己的，哪来的富贵呀？"

陈胜长长地叹一口气说："躲在屋檐下的燕雀，怎会懂得鸿雁和天鹅的远大志向呢？"

陈胜和吴广本来不相识，碰在一块儿，同病相怜，很快就成了朋友。他们只怕误了日期，天天急着往北赶路。

当时正值夏日雨季，他们走到大泽乡（今安徽省宿州市西南）的时候，正赶上连降暴雨。大泽乡靠近淮河的支流浍河，地势低洼，大水淹没了道路，没法走了。他们只好停下来，等天晴了再走。

秦朝的法令很严酷，按照秦朝的法律，被征民夫如果误了期，就要被杀头。大伙儿看看雨下个不停，急得像热锅上的蚂蚁似的，不知道怎么办才好。

陈胜、吴广计算一下，估计无论如何也不能按期到达渔阳，已经犯下了杀头之罪。陈胜偷偷跟吴广商量："这儿离渔阳还有几千里，怎么也赶不上限期了，难道我们就白白地去送死吗？"

吴广说：“那怎么行，咱们开小差逃吧。”

陈胜说：“如今要是逃走，抓回来是死；起来造反，夺天下，顶多也是死。与其这样等死，还不如为争夺天下而死呢！”

吴广问：“怎么去争夺天下呢？”

陈胜说：“天下的老百姓吃够了秦朝的苦头。听说二世是秦始皇的小儿子，按理不该他做皇帝，应当做皇帝的是他的大哥公子扶苏。扶苏常常劝他老子不要杀人，他老子一生气，就把他派到蒙恬那里去带兵守城了。如今听说二世已经无缘无故地杀了公子扶苏，老百姓只听说扶苏是个贤人，并不知道他被害的消息。还有，楚国的大将项燕，曾经立下汗马功劳，又很爱护士兵。有人说他已经死了，也有人说他在楚国灭亡的时候逃走了，咱们楚国人都很想念他。如今要是咱们假借公子扶苏和楚将项燕的名义，号召天下人，反对二世，一定会有许多人起来响应的。”

两个人商量了一阵子，吴广认为陈胜说得有道理。人们当时都非常迷信，想要号召群众起来造反，除了借助扶苏和项燕的名义之外，还得用装神弄鬼一类的办法，取得群众的信任。

为了让大伙儿相信他们，他们想出了一些计策。他们拿了一条白绸布，用朱砂在上面写上“陈胜王”三个大字，把它塞在一条人家网起来的鱼肚子里。

第三天，伙夫上街买鱼回来，剖鱼的时候，在鱼肚子里发现一块绸子，绸子上用朱砂写着“陈胜王”三个大字。大伙儿一下子就传开了，都认为这是老天爷的旨意，原来陈胜是真命天子呀！

到了晚上，忽然有人看到破庙那边的草木丛中，忽明忽暗的闪烁着鬼火，并且还隐隐约地听到狐狸的叫声：“大楚兴，陈胜王。”

这事让大伙儿又害怕，又奇怪。狐狸怎么会说人话？莫非是狐仙也知道陈胜是个真命天子，向人们来报信了！

第三天清早起来，大伙儿都跑来看陈胜，在背后点点戳戳地议论着这些奇怪的事，越看越觉得他长得的确与众不同，是个真命天子的相貌。加上陈胜平日待人和气，就更加尊敬陈胜了。

陈胜、吴广利用迷信，在群众中造成了成为领袖人物的舆论。吴广平日的人缘最好，大伙儿都跟他合得来，愿意为他奔走效劳。有一天，两个军官喝醉了酒。吴广故意跑去激怒军官，跟他们说，反正误了期，还是让大家散伙回去吧。那军官果然大怒，先打了吴广几鞭子，接着又拔出剑要杀吴广。大伙儿一拥而上，抓住军官，吴广倚仗人多势众，一个箭步窜上前去，夺下军官手中的剑，把军官刺死了。陈胜也乘机把另一个军官打翻在地，一剑结束了他的性命。

陈胜、吴广杀死了军官，把大伙儿召集起来，说："弟兄们！咱们遇上了大雨，已经不能如期赶到渔阳了。按照法律，误期是要杀头的。即使能够饶了我们的命，可是驻守边防的人，到头来十有八九都是要死的。反正是个死，死就得有个名堂。王侯将相，宁有种乎？"

大伙儿一齐高喊说："对呀，我们听您的！"

陈胜他们派一部分人上山砍伐树木、竹竿作为武器；又派一部分人用泥土垒个平台，作为起义誓师的台子；还做了一面大旗，旗上绣了一个大大的"楚"字。一切都准备妥当了，陈胜、吴广领导着大伙儿撕下一只衣袖，露出右臂宣誓。他们俩顺应了广大百姓拥护公子扶苏和楚将项燕的心理，假称奉了扶苏、项燕的号令起兵。大伙儿公推陈胜、吴广做首领。陈胜叫人把那两个军官的脑袋割下来祭旗，他宣布自己是将军，封吴广为都尉。900 条好汉一下子就把大泽乡占领了。

临近的农民听到这个消息，都拿出粮食来慰劳他们，青年们纷纷拿着锄头铁耙到营里来投军。人多了，没有刀枪和旗子，他们就砍了木棒做刀枪，削了竹子做旗杆。就这样，陈胜、吴广建立了历史上第一支农民起义军。

【解读】

一句"王侯将相，宁有种乎"道出了千百年来人们所追求的政治理想。那些骑在人们头上作威作福的官老爷并不是命中注定的。人人生而平等，每个人都有追求平等和自由的权利。如果哪里有压迫和不平等现象，哪里就出现反抗。中国历史上的第一次农民起义反抗的就是政治不平等现象。

萧何以民为本，汉高祖纳谏

【名言】

以公灭私，民其允怀。

——《尚书·周官》

【故事】

公元前202年，刘邦（公元前256年~前195年，公元前206年~前195年在位）推翻了秦王朝的统治，建立汉朝。刘邦就是历史上著名的汉高祖。然而，出身低微的汉高祖当了皇帝后，便逐渐开始追求起享乐来。一天，他命令手下人在京城长安附近强行圈了一大片山川土地，不许百姓在这片土地上种地，而把它变为专供自己打猎游乐的场所，还给它起了个美名叫“上林苑”。

汉高祖刘邦这样做，很不得人心。当时的百姓经过多年战乱，生活非常窘迫，土地对人民来说，相当重要。可由于人们畏惧皇帝的权势，对此事，谁也不敢说什么。这时，丞相萧何考虑再三，便上书汉高祖，指出：“长安附近可耕的土地已经很少了，陛下开辟‘上林’，使京城土地更紧张，希望陛下能体察民情，把‘上林’大片空地赐给无地的百姓耕种。”

高祖看了这封奏疏后，十分恼火，派人把萧何找来。一见萧何的面，便气哼哼地说：“你明明知道‘上林’是专供我打猎用的，为什么有意让我难堪，非让我把它让出来，给百姓耕种？我看，你一定是受了什么人的贿赂，才说出这样的话。”

萧何据理力争，他从土地，谈到民心；从民心，谈到天下，希望刘邦能从大处着眼，把“上林”让出来。

最后，萧何说道：“陛下贵为天子，享用之物取之不尽，用之不竭。但许多百姓身无长物，连赖以生存的东西都没有。请陛下为江山社稷考虑，给他们一个平等的活命机会。”

刘邦见萧何没有丝毫服软的表示，依然让自己交出“上林”，更加气恼。他厉声道：“朕是皇帝，自然应该享受这些。那些草民算什么呢？你怎么能把朕和他们相提并论？”

萧何反驳道：“陛下还记得当初打天下时，您和将士们同甘共苦的情景吗？平等地对待身边的人，陛下能够取得天下；但若一意孤行，对天下不公，天下恐怕也会被别人抢去。”

刘邦闻言大怒，当即命人把萧何抓起来，并送到廷尉处治罪。

大臣王卫尉觉得刘邦这样做太过分了，便挺身而出，为萧何争辩。他责问高祖道：“萧丞相如今身在牢狱，请问陛下，他到底犯了什么罪？”

汉高祖见王卫尉这样问自己，没好气地说：“萧何为人过于狂妄。我听说当年李斯辅佐秦王，处处总是替君主着想，有了功劳，也都归于君主。可萧何受了人家的贿赂，为了讨好老百姓，竟要我把‘上林’让出来给百姓种地。我就凭这个把他关了起来，我还要治他的罪呢！”

“陛下，臣认为您这样待萧丞相不公平！”王卫尉听了高祖的话，情绪激动地说。

“怎么不公平？”高祖很不满地问道。

“陛下，臣认为，您说丞相接受了人家的财物，到底有什么根据？从前，陛下东征西战，萧丞相在关中发展生产，使关中变得十分富足。在那种情况下，丞相没有干过一件为自己谋私利的事，现在陛下怎么能毫无根据地就随便说萧丞相受了人家的财物呢？陛下好好想一想，丞相让陛下让出‘上林’，这是不是替国家考虑？百姓有田种了，国家才能安宁。国家安宁了，陛下您的统治才能稳固。丞相坚持办有益于民的事，陛下本应加以褒奖，为什么要治人家的罪呢？”王卫尉越说越激动，他一口气向高祖提出了一连串问题。

刘邦越听越觉得理亏，他虽然心里还是很不高兴，可王卫尉的话说完了半天，他也没想出一句反驳的话。最后，他一生气，转身回宫去了。

这天夜晚，刘邦一夜没合眼，他反复想着白天发生的事。王卫尉的话，像一根根针，刺痛着他的心。冷静想来，王卫尉的话虽然有些刺耳，但还是有道理的，自己对萧何的确做得太过分了。但那天自己和萧何争得很厉害，现在突然放了人家，岂不是等于认输？这太失面子了。

想到这，他又犹豫起来。不过最后，他还是决定放了萧何。他觉得，一个明智的国君，应该是做错了事就有勇气承认，不能怕丢了面子，而误了天下大事。于是，第二天一早，他就派人释放了萧何。

萧何被释放后，刘邦亲自接见了他。刘邦悔恨交加地向萧何赔礼道："丞相为民请命，是国家的贤相。我不仅不为民着想，反而随心所欲无端抓了你。我这是在做昏君桀、纣的糊涂事啊！我要好好反省自己，并要让天下的百姓都知道我的过失。"

萧何见皇上能知错改过，并亲自向自己赔礼，十分感动。汉高祖将上林苑分给了无地的农民，也受到了天下的颂扬！

【解读】

西汉之所以能够成为中国历史上最为强大，也是历时最长的封建王朝之一，主要原因就是大力贯彻了以民为本的思想。在当时的情况下，想要实现绝对的平等是不可能的。但以民为本思想的贯彻，也在一定程度上实现了相对的平等，即萧何所说的给天下人一个平等的生存机会。

最早反抗不平等现象的起义

【名言】

平等和自由互为表里，一旦分割，两者都会失去。

——【英国】富尔克

【故事】

在欧洲两个著名的博物馆里，分别珍藏着3000多年前的两部纸草卷文书。这两部文书虽然已经残缺不全，但却记载着世界上最早的一次大规模的奴隶起义。这次起义大约发生在公元前1750年的埃及。

纸草卷文书上是这样记载的："……那永远不会发生的事情竟然发生了。国王被穷人捉去了。"

"暴动者在一小时内就占领了京城，接着就发生了这件事……国王宫殿的大门、列柱、屋顶都被烧成灰烬，只剩下王宫的一些断墙残垣。”

“三角洲在哭泣，因为国王的粮仓已经成为一切人的财产了。”

“国内的官长们都逃跑了……宫廷的官吏已经被从王家赶了出来。”

“那美丽的审判厅啊，它的法令已被抛出，在十字路口，人们就在那纸卷上行走。审判官被赶到国内各地。”

“盗走显贵人的财产，把它交给穷人。有财产的人遭受损失，而穷人则很满意。”

“他们做成了铜箭，用血来强求面包。”

“大地像做陶器的轮子一样旋转起来……”

不用说，这些记载都是描述那次起义的。国王和贵族在起义中做了俘虏，国家的审判机构也被奴隶们捣毁了。

然而，到底这场起义是因什么引起的呢？原来，自从公元前 2400 年左右，埃及的古王国瓦解以后，大约经历了 300 多年的时间，埃及又建立了中王国。中王国以底比斯为京都，建立起一个极权统治的国家。

法老、贵族、奴隶主们的财富增加了，而被压迫的奴隶，以及耕作自己土地的农民，却一天比一天贫困。他们再也忍受不下去了，于是，一场全国规模的大起义终于爆发。

这次起义持续了 40 年，沉重地打击了埃及的贵族奴隶主。开始时，是一些零星的、分散的暴动，后来慢慢汇合成全国性的大起义。这是有文字记载的，最早反抗不平等现象的起义。

不幸的是：虽然农民起义推翻了反动统治，但由于他们不注重完善自己的新生活，起义的胜利必然不能持久。中王国的法老终于重新组织起他们的政权，农民和奴隶们依旧受着压迫。

这次大起义后不久，亚洲的喜克索人侵入了埃及。他们以马车战术见长，轻快的马车风驰电掣地突入了埃及人的队伍，埃及军队只能望风而逃。因为，当时埃及人还不知道怎样使用战马，只会用步兵打仗，而步兵是无法阻挡骑兵和战车的。从此，喜克索人统治了埃及大约 150 年。

【解读】

生命是一次奇妙的旅行，每个人都应该有权享受这一旅行。然而，在等级社会中，处于社会底层的人们的生命和尊严往往会被统治者肆意践踏。哪里有压迫，哪里就会有反抗，正如人类历史上最早反抗不平等现象的起义。他们为平等和尊严而战的精神永远激励着后人。

斯巴达克斯反抗奴隶主统治

【名言】

呆板的公平是最大的不公平。

——【英国】托马斯·福勒

【故事】

历史上对角斗士最早的记载可以追溯到公元前264年。角斗士是经过训练的职业杀手，他们为了取悦皇帝和当地的领主而搏杀。一般来说，角斗士的社会地位比奴隶略高。但迎接他们的依然是无尽的苦难和死亡的恐惧。

角斗士们两人一组互相格斗。在一些重大的皇家庆典上，有时出场的角斗士达5000对之多，平均算下来每场大概有100对角斗士出场。失败的角斗士通常是被胜者杀死。败者义无反顾地抓住胜者的大腿，而胜者将长剑直接刺入他的咽喉来宣告胜利。这时，全场的观众呼喊沸腾，气氛达到最高潮。

一场角斗下来，场上留下的是一具具奴隶尸体。奴隶主的残暴统治，迫使奴隶一再发动大规模武装起义。公元前73年（一说公元前74年），世界古代史上最大的一次奴隶起义——斯巴达克斯起义爆发了。

公元前73年的一个深夜，罗马中部卡普亚城角斗士学校的铁窗内，突然发出可怕的惨叫声，这叫声在静寂的夜晚显得格外凄惨。三名卫兵急忙赶了过去，隔着铁窗厉声问道："干什么？找死啊！还不老实睡觉！"

一名角斗士伸出脑袋说："打死人了。高卢人打死了我们的伙伴。他被我们制服了，你们看该怎么处理他。你们如果不管，我们就勒死他。"

卫兵拿着油灯一照，果然死了一个人，另一个人正被几个人反扭着手。士兵说：“把他交给我们吧。把死人也抬出来。”边说边开了门。说时迟，那时快，角斗士们迅速击倒他们，拔出他们身上的短剑，冲出牢门。沉重的铁门被一扇扇打开，角斗士们挥舞着镣铐向屋外冲出。

“向维苏威跑啊！”只听一声高昂的呼喊声划破夜空，角斗士们蜂拥着向外跑去，消失在夜幕中。

这次角斗士起义的领袖是斯巴达克斯。他本是希腊东北的色雷斯人，生得英俊健美，勇毅过人，他在一次反罗马的战斗中被俘，沦为奴隶。因他聪明，富有教养，体格健壮，他的主人把他送进角斗士学校，想把他训练成一名出色的角斗士。

在角斗士学校，斯巴达克斯以他的勇敢和智慧，成了角斗士们的精神领袖。他利用一切机会劝说角斗士们为自由和平等而战，而不应成为罗马贵族取乐的牺牲品。他组织了 200 多名角斗士，准备暴动的时候不慎泄密。于是，他决定提前行动，结果有 78 人冲出虎口。

斯巴达克斯打着“将奴隶主变为奴隶”的口号，开始招兵买马。许多坎帕尼亚省的逃亡奴隶、角斗士、破产农民，以及从罗马军团逃出的士兵都来投奔他。因而，起义军迅速壮大，达到一万人。日渐壮大的起义军多次打败了罗马军的小部队。起义迅速发展，直接威胁到罗马的统治。

到公元前 72 年初，斯巴达克斯的军队已增至 6 万人。但就在他们力量日益强大的时候，起义军内部发生了分歧。大部分奴隶，包括斯巴达克斯，主张离开意大利，冲出阿尔卑斯山，获得自由或打回家乡。可参加奴隶起义的贫民则不愿离开意大利。这种分歧使 3 万起义军离开了主力，最终被罗马军队歼灭。

斯巴达克斯领着剩下的起义军继续战斗。然而，起义军毕竟势单力薄，无法与罗马的正规军相抗衡。公元前 71 年秋季，起义军与罗马军最后的大血战展开了。斯巴达克斯在战斗中负伤，他的士兵们请求他骑马逃走，斯巴达克斯却刺死了战马，发誓和自己苦难的兄弟们战斗到死。罗马人在付出了极大的代价后，取得了最终胜利，斯巴达克斯壮烈牺牲。

斯巴达克斯起义虽然失败了，但它的意义远远超出了起义本身，它不但沉重地打击了奴隶主统治阶级，也向全世界展示了人们追求平等和自由的信念。

【解读】

自由与平等紧密相连，没有自由就无法实现平等，没有平等也就谈不上什么自由。自古以来，人们就为了实现生命的自由与平等奋斗不息。有些人甚至为此付出了血的代价。他们的精神永远闪耀着亮丽的光辉，激励着后人。

攻克巴士底狱，颁布《人权宣言》

【名言】

首要问题不是自由，而是建立合法的公共秩序。人类可以无自由而有秩序，但不能无秩序而有自由。

——【美国】塞缪尔·亨廷顿

【故事】

早在17世纪中期，英国就通过光荣革命，从封建专制制度和平地过渡到了君主立宪制度。地处欧洲大陆的法国直到18世纪末还处在封建专制的枷锁之下。1789年，法国的经济危机达到了空前严重的状态，老百姓的生活愈发艰难了。

为了摆脱困境，国王路易十六不得不召开三级会议，以寻求解决的办法。当时的法国有着严明的等级划分，第一等级是僧侣，第二等级是贵族，第三等级是平民。在三级会议上，路易十六只想用对平民征税的办法来解决国家的困难，却毫不理会百姓的艰难困苦。

第三等级的代表被路易十六的这种做法激怒了，他们要求单独召开国民会议（7月9日改称制宪议会），制定宪法。这可把路易十六气坏了，在皇宫里，他一边拍着桌子一边大喊道："把这些造反的家伙全都关进巴士底狱！"

很快，大批军队在路易十六的命令下封闭了会场。国民会议被迫中止，很多人被关进巴士底监狱。对路易十六的这一举动，法国人民非常愤怒。一万多市民聚集在罗亚尔宫的花园里表示强烈抗议。

在花园的一个土丘上，一个领头的青年大声呼喊："市民们，我们绝不能就这样一直沉默下去！今晚，面对该死的国王派来镇压我们的军队，我们别无选择。如果不拿起武器反抗，我们就只能等死！"

义愤填膺的市民们都跟着大声叫喊："拿起武器，赶走暴君！"

这时，一阵嘈杂声从人群后方传来。原来一群骑着高头大马的士兵正向这里飞奔而来。这些都是路易十六的骑兵，面对这些手无寸铁的老百姓，他们进行了惨无人道的屠杀。一时间，整个花园都被鲜血染红了。

巴黎民众为了保卫制宪议会，决定组织国民自卫军，拿起武器进行战斗。7 月 13 日清晨，急促的警钟声响彻巴黎。人们自发地组织在一起，控制了除巴士底狱之外的街道和社区等整个地区。

面对人民的奋力反抗，路易十六还不死心，他派了一支骑兵队，把大批军火运往巴士底狱让守备军总司令坚决抵抗。接到令的巴士底狱守备军总司令，决定对起义者进行血腥的屠杀。

7 月 14 日清晨，巴黎上空回荡着"打倒巴士底狱"的吼声，巴士底狱被成千上万拿着武器的起义者围得密不透风。巴士底大狱的守军只有 120 名左右，但是大狱的围墙高达 24 米，上面有 8 座炮塔，周围环绕着 26 米宽的护城河，一时很难攻下。但是英勇的起义人民一再向堡垒猛攻，在守军的炮火下有百余人壮烈牺牲。经过 4 小时的激烈战斗，终于攻下了这个堡垒。法国资产阶级革命由此开始。

路易十六情知寡不敌众，便假意宣布承认制宪议会，并批准任命了新的巴黎市长和国民自卫军司令等官职。自此以后，巴黎民众的义举得到国王的认可，制宪议会成了法定的立法机关。法国的其他城市，也以巴黎为榜样，建立了国民自卫军和新的市政府，宣布听命于制宪议会。法国的封建专制制度迅速崩溃了。

在全国革命浪潮滚滚而来的形势下，制宪议会通过了"将封建制度全部废除"的八月法令，路易十六勉强同意颁布。不久，制宪议会又通过《人权宣言》，明文宣示国家的主权全在国民。为使国民主权得以行使，规定以法治国，将法律置于至高无上的地位，"在法律面前全体公民尽皆平等"，而财产权则是"神圣不可侵犯"的。

《人权宣言》以“民权”取代了“君权”，将“君命难违”换作了“法律至上”，将“听命于上”变作了“自由平等”，实在是震古铄今之举。路易十六深知《人权宣言》的厉害，因此不予批准。这时，巴黎民众再次动员起来进军凡尔赛宫，迫使路易十六在《人权宣言》上签了字。

根据《人权宣言》的原则，制宪议会又制定了一系列法规、法令，路易十六被迫批准颁布。1791 年上半年，整部法兰西宪法也草拟出来了。路易十六虽然当众宣誓效忠宪法，可暗地里却多方寻求外国支持，请求外国派军队直接干涉法国内政。这年 6 月 20 日，路易十六与王后等人密谋逃离法国未遂。于是在民众中出现了责骂路易十六“背弃誓言，不信不义”的舆论，有的人还提出了“审判国王”的要求。

1792 年，在路易十六的暗中要求下，奥地利、普鲁士等外国军队入侵法国。法国各地民众纷纷组织义勇军，开赴前线奋勇杀敌。此时，路易十六的叛国活动已经被民众察觉，因此，8 月 10 日遭到废黜。不久，法军在前线打了大胜仗。由普选产生的法国国民公会遂于 9 月 21 日在巴黎召开会议，翌日宣布成立法兰西共和国。

1792 年 10 月 1 日，有人向国民公会提供证据，指控路易十六犯了叛国罪，主张对他进行审判。但相当一部分人仍以“证据不足”为理由加以袒护。11 月 20 日，路易十六的一个旧友揭发，在凡尔赛宫的铁壁厨柜中，藏了许多极度机密的文件。由此获得了路易十六里通外国、敌视革命的大量罪证。于是决定以整个国民公会为法庭，对国王路易十六进行公开审判。

在审判中，尽管路易十六处处狡辩，但在大量的人证、物证面前，也不得不低头认罪。1793 年 1 月 16 日，国民公会采取“公开唱票”的办法，就对路易十六如何量刑的问题进行表决。700 余名代表均一一走上讲台，公开宣布自己对路易十六的量刑主张。表决进行了一天一夜，有超过半数的代表主张判处路易十六死刑。少数服从多数。1 月 21 日，路易十六被押赴刑场，推上了断头台。

【解读】

人人生而平等，自由、财产、安全和反抗压迫是天赋不可剥夺的人权。《人权宣言》揭示的这些原则否定了封建等级制度，体现了人们摧毁封建君主专制的要求。它不但是资产阶级夺取政权和巩固政权的思想武器，也对世界各国的民主化进程产生了深远的影响。

国家可以征服，知识永远不灭

【名言】

一切背离了公正和平等的知识都应该称为狡诈，而不应称为智慧。

——【古希腊】柏拉图

【故事】

居里夫人（1867～1934），原名玛丽·斯克沃多夫斯卡，因后来嫁给皮埃尔·居里，遂被世人称为玛丽·居里或居里夫人。居里夫人是波兰著名的物理学家和化学家。她先后发现了“钋”和“镭”两种放射性元素，两次获得诺贝尔奖。

玛丽出生于波兰华沙，父亲是一所中学的数学和物理老师，母亲是一所女子学校的校长。童年的玛丽身体瘦弱，但记忆力超凡。5 岁时，母亲就发现她有过目不忘的本领。6 岁的那一年，玛丽背起书包去上学读书。可是那个时候，她的祖国波兰已经被奥、俄等几个国家瓜分了，华沙当时被并入了俄国。

在学校里，学生们只能学俄语，但是学校为了反抗俄国的统治，仍然偷偷地教学生们波兰语。学校有一个俄国督学，常常耀武扬威地监视师生们的行动，学校为了防备督学的突然到来，老师们在每一个教室里都安装了一个秘密的电铃，只要一有情况这个电铃就会非常小声地叫上两声。这个时候，学生和老师们就会把书藏起来，然后假装拿起俄国督学规定的教材。

一天，督学又突然对学校进行检查，玛丽他们班上正好老师在教学生们学波兰语，大家听到警告的铃声后赶紧把书藏在了秘密的地方，然后桌子上又重新摆起了规定的教材，讲台上老师手里拿着一本俄文书，假装津津有味地念着。

不一会儿，一个剪着短发戴着一副金边眼镜的男人走了进来，他便是俄国督学。督学用怀疑的眼光扫了大家一眼后，气势汹汹地说道："给我叫一个学生起来，我要考一考，是不是真的在学俄国的东西。"

老师知道，这个督学又要难为学生了，于是她把班上记忆力最好的玛丽叫了起来。督学捋着他的大胡子，大声道："背诵你的祈祷文！"

玛丽用流利的俄语背诵了一遍。督学没有办法了，又问玛丽道："我们的神圣的俄国皇帝是哪几位呀？"

玛丽又用流利的俄语回答说："有凯瑟琳二世、保罗一世、亚历山大一世……"

督学官看玛丽用流利的俄语回答着他提出的问题，有些怀疑地问玛丽道："你是在俄国出生的？"

玛丽坚决地回答说："不，我出生在波兰。"

督学阴险地笑道："现在谁是你们波兰的领袖？"

玛丽咬着牙齿，她实在不愿意回答这个问题。老师和校长也十分无奈地互相交换了一下眼神。督学看了一眼校长，然后慢条斯理地问道："女士，你难道不教学生们这最神圣的名字吗？"

玛丽看着同学和老师惊恐的神态，她愤怒地回答道："是统治俄国领土的亚历山大二世陛下。"

"下次回答问题不允许故意拖延时间。"说完，督学官趾高气扬地跨出了教室。

这个问题深深地刺痛了玛丽幼小的心灵。督学官刚走，玛丽便跑向讲台抱着老师痛哭起来，同学们也在下面默默地擦拭着眼泪。

回家后，父亲安慰玛丽道："一个国家的领土可以被侵略者夺走，民族的尊严也可以暂时遭到凌辱！但是你要记住，知识永远不灭！知识在任何人面前都是平等的，谁也无法从人们的头脑里夺走知识！"

父亲看到玛丽脸上有几分喜色后，又接着说："你看罗马用武力征服了希腊，但是希腊却用文化征服了罗马！"

从此以后玛丽更加用功读书了。1883 年 6 月，玛丽以获得金质奖章的优异成绩从中学毕业了。但因母亲在重病中死去，家里生活艰难，玛丽不能去上大学，只好去给别人当家庭教师。4 年以后她的姐姐布罗妮雅去巴黎留学，而她自己却前往华沙城外偏僻的农村教书。

1890 年，也就是玛丽从中学毕业后的第八年，布罗妮雅从巴黎写来一封信，让她也去巴黎读书。玛丽告别了华沙，到巴黎的索鲁本大学读书。刚到巴黎的玛丽和姐姐、姐夫住在一起，但是从姐姐家到索鲁本大学太远了，于是玛丽只好搬到离学校稍微近一点的学校去住。

大学的学习十分紧张，由于生活拮据，她常常处在半饥半饿的状态下。玛丽的节衣缩食终于使她得了贫血病，她常常在读书的时候晕过去。在寒冷的冬天，由于经济紧张，玛丽也只能盖着一条薄被。有时为了能使自己更暖和一些，就把椅子压在被子上。

尽管生活如此艰苦，但她仍然没有倒下。她想起了父亲曾经说过的话，她要用知识去征服一切。正是凭着一股强烈的信念，她先后以优异的成绩获得了硕士和博士学位。

1894 年，她一方面在索鲁本大学攻读数学，另一方面又接受了恩师李普曼教授介绍的“法国工业振兴协会”所委托的正式研究工作，这是一项关于“钢铁磁性研究”的科研课题。在这项研究中她认识了法国青年物理学家皮埃尔·居里，并于 1895 年 7 月同他结了婚。

玛丽变成了皮埃尔·居里夫人了。居里夫妇经过艰苦的研究和实验，先后发现了“钋”和“镭”这两种天然放射性元素。他们的发现使物理学由宏观世界进入了微观世界，打破了人们的传统观念，代之而起的是“原子可分，物质可分”的理论，从而将世界推向了另一个时代——原子时代。因此，他们俩获得了 1903 年的诺贝尔物理学奖。

正当夫妻俩的事业兴旺发达的时候，1906 年 4 月 19 日，皮埃尔·居里被飞驰的马车夺去了年轻的生命。意志坚强的居里夫人没有被失去丈夫的厄运所吓倒，她仍然顽强地继续研究放射性元素“镭”。

1911 年，居里夫人完成了镭的单独分离，瑞典皇家科学院再次向她颁发了诺贝尔化学奖。

由于居里夫人的发现，大大缩短了人类通往核时代的日程。人类利用核燃料体积小、能量大的优势，获得了巨大的经济利益。现在，世界上共有核电站 400 多座。

居里夫人发现了镭的各种物理化学性质，而且研制成功了提取镭盐的科学方法，使镭在医学上得到了广泛的应用，拯救了许多早、中期癌症病人的生命，人们将这种新技术命名为“居里疗法”。

1914 年 8 月，第一次世界大战爆发。为了战地的需要，居里夫人把精力集中用于X射线的研究，自己带病、挨饿在前线来回奔跑，想方设法解决X光的设备和指导X光照相工作。战争期间，因居里夫人创设并指挥的X光设备而获救的伤病员达百万名以上，其中包括许多俄国士兵。

【解读】

一个国家的领土可以被征服，一个民族的尊严也可以暂时被践踏，但国家和民族所创造的灿烂文化却永远也不会消亡。居里夫人的祖国虽然被俄国等国家瓜分了，但在知识面前，她却依然享有平等的学习机会。她的伟大科学成就也被人类平等地分享着。

诺罗敦·西哈努克反抗殖民统治

【名言】

不会宽容别人的人也不配受到别人的宽容。

——【德国】贝尔奈

【故事】

诺罗敦·西哈努克（1922～2012年）柬埔寨前国王、太皇，曾坚持不懈地为国家的独立而斗争。也正是他这种反帝爱国的伟大精神，使他在柬埔寨乃至国际上都享有很高的威望。

西哈努克是柬埔寨诺罗敦和西索瓦两个王族的后裔，出身高贵。但他从来没有因为自己是王族而看不起别人。西哈努克虽然出身皇族，但他的童年经历却同其他皇家子弟迥然不同。在很小的时候，他就被寄养在一个农民家里。

西哈努克虽然有很多机会与他的外曾祖父母同住。但总的来说，他过的还是平民的生活。这种处境对西哈努克思想品格的铸就起到了重要作用。这几乎影响了他的终生。这种思想品格的精华就是他对柬埔寨农民的深厚感情，以及捍卫农民利益，捍卫这个农民国家的坚强性格。

西哈努克周围的人是农民，和他玩耍的是农民的孩子。他知道农民吃什么，做什么，想什么，需要什么。他看到了他们怎样生活，并逐渐习惯了他们的生活。他把自己当做他们中的一员。在他幼小的心灵里，从未滋生出皇家贵族子弟的那种特有的优越感和自命不凡。

正由于这一点，后来登基了的西哈努克才有可能成为大概是柬埔寨历史上最平民化的国王；也正是由于这一点，才使西哈努克后来没有那样地看重那个金光闪闪的王位和王冠；也正是因为这一点，尽管西哈努克几度沉浮，几经流亡，但最终，柬埔寨农民唯一能够接纳和拥戴的只有西哈努克一人。

1941 年 4 月 24 日，西哈努克的外祖父（柬埔寨国王）驾崩。西哈努克被选为王位继承者。于是他不得不中止即将完成的中学学业。当时，柬埔寨尚处在法国的殖民统治下。法国人认为，这位温顺的中学生，一定会成为为法国效劳的驯服君主。

这一次，法国人错了。西哈努克不但不是一位驯服的君主，还是一位像狮子一样，领导他的人民，为独立和平等而奋斗的王者。

1945 年 3 月，日本军队在明号作战中武力占领法属印度支那全境，法国的殖民地政府解体，原本在法属印度支那治下的柬埔寨、越南、老挝相继发布了独立宣言。在柬埔寨，西哈努克原本希望能够在越南独立的同时发表本国的独立宣言，但由于国内各方联络不畅，结果在越南独立的两天之后即 4 月 13 日，柬埔寨才得以独立。

在成为法国殖民势力进入中南半岛之前，柬埔寨长时间受到当时越南王国的压迫，故而对越南抱有强烈的对抗意识。1945 年 8 月 15 日日本无条件投降，西哈努克一方面宣布 3 月 13 日为柬埔寨的独立日，一方面又出于对越南入侵的恐惧、认可了法军的重新回归。

此后，西哈努克展开对以美国为首的西方诸国一系列的外交访问，通过国际舆论诉求柬埔寨的独立，终于于 1949 年获得在法兰西联邦内的独立地位，但同时，警察权和军事权依然掌握在法国手中。

西哈努克对此状况无法满意，并在离宫发表了“在完全独立达成之前绝不返回首都金边”的宣言，终于使得全国范围内的反法示威运动达到高潮。为国王强硬姿态所震惊的法国最后承认了柬埔寨的完全独立。1953 年 11 月 9 日，西哈努克领导人民取得国家独立，结束法国在柬埔寨延续 90 多年的殖民时代，使柬埔寨获得了领土完整与民族统一。

经历了独立运动的成功，充满信心的西哈努克希望进一步深入参与政治，但在君主立宪制的宪法制约下，国王的活动范围受到很大限制。于是西哈努克于1955年3月3日将王位让予其父诺罗敦·苏拉玛里特，同年4月7日，组建政治团体“社会主义人民共同体”并担任总裁。退位后的西哈努克被国民称呼为“殿下”。

社会主义人民共同体于同年的总选举中获得压倒性胜利，控制了国会中全部议席，西哈努克则出任首相并兼外交大臣。

在同年举行的万隆会议上，西哈努克以第三世界小国首倡和平中立的外交政策而闻名于世，后来又与铁托等5位领导人一起成为不结盟运动的发起人。在两极对抗的冷战时代，西哈努克所倡导的中立政策为柬埔寨赢得了短暂的发展机遇，柬埔寨一时成为“东南亚的和平绿洲”。

【解读】

对外族的殖民统治是世界上最野蛮、最邪恶的事情之一。历史上，欧洲的一些帝国主义国家一边在国内大行民主之道，一边却在殖民地推行残酷的等级制度，遭到了世界各国追求平等、自由的人们的反抗和谴责。西哈努克只是其中之一。这正印证了那句话——“哪里有压迫，哪里就有反抗。”

幼年受辱，为平等奋斗终生

【名言】

对人不尊敬，首先就是对自己的不尊敬。

——【美国】惠特曼

【故事】

卡达尔·亚诺斯（1912～1989），匈牙利前社会主义工人党主席，前总理。卡达尔出生在亚得里亚海滨的阜姆城。母亲是奥焦拉的一位农村姑娘。为了谋生，她来到阜姆给人当女仆。在这里，她遇到了一个服兵役的小伙子，不久之后，他们双双坠入爱河。但是，小伙子的父母却根本看不起这个一贫如洗的女孩儿，所以，强行拆散了这对恋人，并为儿子找了一个门当户对的妻子。

因此，卡达尔的母亲没有结婚，但却有了儿子。作为女仆，是不应该有孩子的，人们都不会愿意雇佣一个带着孩子的女仆。没有办法，母亲只好把他托给了别人抚养。就这样，刚刚出生不久的卡达尔被妈妈送到了卡波伊村。卡波伊是一个穷人窝，亚诺斯的养父是位新教徒。亚诺斯称他为“山多尔叔叔”。

山多尔是一个一无所有的农民，这位贫穷的农民沉默寡言，却有一颗善良的心。他十分疼爱亚诺斯，亲昵地叫他“亚尼”。他给予亚诺斯唯一的也是最重要的教育就是劳动，他总是说：“亚尼，你要记住，穷人的孩子任何时候都要干活。”

在山多尔的教育下，亚尼也的确做到了这一点。他刚刚学会走路，就要帮家里干活，照料病重的养母。以后，他又喂火鸡，当猪倌，帮助饲养牲口。农村生活对亚诺斯产生了深远影响，对于日后的政治家卡达尔来说，这是一笔宝贵的财富。

童年时代的亚诺斯并不知道，就在距离卡波伊不到10公里的地方，有一个更小的村子，那里住着抛弃他们母子的生父。长大之后的亚诺斯怎么也不能原谅他的生父。

亚诺斯6岁的时候，母亲把他接到了布达佩斯。但是，他和山多尔叔叔的联系并没有中断。每年夏天，他都要到卡波伊干农活赚点钱来支付自己的学费。当了学徒工之后，亚诺斯总是想办法省下钱给山多尔寄去。山多尔因此感到莫大的幸福和骄傲。

因为卡达尔的妈妈波尔芭拉在首都当洗衣女工、送报人和门房助手。这些工作在当时是一个很低贱的职业，妈妈每天除要完成一大堆繁重的工作外，还要小心翼翼地应付房客们的坏脾气。卡达尔一有时间就帮助妈妈做些力所能及的工作，但是，他无法忍受那些有钱人对他的侮辱，命运把他抛在社会的最底层，使他饱尝了人间的冷暖。在这种艰难的环境中，卡达尔形成了倔犟、孤僻的性格。

当卡达尔带着一口地道的卡波伊土语来到布达斯的一所学校读书的时候，学校里面的同学全都像看怪物一样对待他，总是想尽一切办法让他出丑，经常大喊大叫地称他为乡巴佬儿。有一次在课堂上，老师点名让卡达尔站出来回答问题，由于他说的是土语，老师当时并没有听明白，就让他重新回答一次。

结果另外一个喜欢捣乱的同学就学着卡达尔的声音，怪模怪样地重复了一次，最后还说道："这就是乡巴佬儿刚才说的话。"

因为这位同学的模仿，使得教室里的学生全都哄堂大笑，连老师也笑了好半天。卡达尔愤怒地瞪着那个捣乱的同学，生气地说道："这好笑吗？一点都不好笑！"

说完，卡达尔生气地冲出了教室。从此以后，卡达尔开始躲避那些骄傲的邻居和同学，经常一个人呆呆地坐在那里或独自做着自己的事情。最后，他从农村带来了一只小公鸡，作为自己的伙伴，以逃避陌生的城市。就这样，饲养家禽的习惯他一直保留。

正因为自幼饱尝艰辛，卡达尔奋斗终生，竭力反对等级制度，努力追求自由、平等。

【解读】

虽然每个人的家庭出身不同，但人人生而平等。遗憾的是，在现实生活中仍有相当多的不平等现象存在。一些出身优越的人经常嘲笑那些出身贫寒的同学。这是应该受到谴责的！无论是同学，还是同事，在交往过程中都应该以博爱、平等之心对待别人。只有这样，才能换来别人的尊重，才能在未来和平共处，共同建设我们的家园。

叔叔，请把我埋得浅一些

【名言】

平等是施政的目的。

——【英】丹·笛福

【故事】

自古以来，人们就追求平等。然而，万恶的等级观念却无处不在。

纳粹屠杀犹太人，实行种族灭绝政策就是一个明证。

在西方文化中，自古存在着一种排犹的情绪，犹太人被说成是：出卖耶稣的人、投机商人、不洁的人。犹太人是分布于西亚巴勒斯坦地区的游牧民族，原为古代闪族的一支，曾建立古以色列国及犹太王国，后为罗马帝国所灭。由于不甘被奴役，数十万人民惨遭杀害，其余人口则被迫离开家园，四处迁徙，散居世界各地。

在中世纪的西欧，土地被人们视为最珍贵的财富，商业则是人们鄙视的行业。犹太人没有自己的国家和土地，到处迁徙，只能靠经商维持生计。他们迁到西欧后，遭到当地封建主的歧视。

在欧洲，尤以德国的反犹情绪最为严重。德意志民族和犹太民族都有很强的民族自豪感和使命感，犹太人自称“上帝的选民”，而德国人则领导了欧洲长达数世纪，德意志国王建立的“神圣罗马帝国”的历代皇帝成了整个基督教世界的世俗元首。

在普遍信仰基督耶稣、反犹的大环境下，德国统治者认为自己肩负着领导欧洲各君主国反对犹太教的任务。这种宗教感情的社会化，又逐渐衍化成一种普遍厌恶犹太人的社会心态，从中世纪到近代，一直在德国恶性蔓延。

公元 13 至 15 世纪，德国经济经历了一个巨大的发展阶段，但德国新兴资产阶级同那些经商致富的新兴的犹太人资本家产生了利益冲突，厄运再次降临到犹太人的头上。现实利益的冲突加上宗教信仰的差异，迫使大批犹太人被赶往东欧及美洲各国。这种反对犹太人的意识，在德国一直“遗传”到现代。

19 世纪中叶，德国的反犹开始有了明确的政治目的。德国的政客们发现，面对当时的经济衰退，把犹太人定为罪魁祸首可以有效地消弭反对政权的声浪。当时在德国内部，民族主义思潮盛行，原有的宗教情绪在现实利益冲突的激化下，使人们本来已有的反犹情绪更加激烈，从而加剧了对犹太人的仇视。

一次大战后，德国成为战败国。20 世纪 20 年代末 30 年代初世界经济危机中，德国受到严重打击，国力渐衰。深刻的经济危机不仅激化了国内的阶级矛盾，而且刺激了垄断资产阶级对外扩张的野心。“德意志民族必须从掠夺的土地和生产空间中寻找出路”，希特勒的这一争霸世界的主张，得到了德国垄断资产阶级的拥护和支持。然而，实施建立一个德意志民族的日耳曼帝国的罪恶计划需要巨额资金提供财力保证。在国力衰落的情况下，希特勒把手伸向富有的犹太人就成为必然。

以希特勒为首的纳粹党打着当时在德国流行的民族主义和社会主义两块招牌，宣扬德意志民族是优秀民族，把犹太民族视为劣等民族。为了蛊惑人心，欺骗德国广大民众，希特勒对这种种族歧视理论从两个方面进行了周密的包装。一是按照他自己的社会逻辑，断章取义地摘取前人论述人口问题中的某些词句，拼凑成一个种族优劣的理论，为把犹太人打入劣等人种制造理论依据。二是利用早就深植于德国人民心中的反犹意识和宗教情结，大肆鼓吹“犹太瘟疫”的谬论。

希特勒将此理论蓄意“嫁接”后，它就不是一般意义上的种族歧视了。希特勒利用历史上宗教的因素，为其灭绝犹太人创设了广泛的社会基础，使这一理论更加具有煽动性。纳粹党还利用当时德国群众痛恨《凡尔赛和约》的心理，煽动复仇主义情绪，并把这种情绪转移到犹太人身上。正因为如此，希特勒一上台，便顺利推行了一整套疯狂的反犹灭犹政策，造成人类历史上一个民族屠杀另一个民族的罕见浩劫。

希特勒反犹灭犹政策一出台就遭到了全世界热爱和平人士的反对。犹太人自己也进行了艰苦卓绝的反抗斗争，但仍有大量的犹太人被关进了纳粹集中营。

德国的一个集中营关押着很多犹太人，他们大多是妇女和儿童。他们正遭受着纳粹无情的折磨和杀害，集中营的人数在不断减少。有一个天真活泼的小女孩，和她的母亲一起被关押在一个集中营。一天，她的母亲和另一些妇女被纳粹士兵带走了，再也没有回来。人们知道，她们肯定是被杀害了。

但这个小女孩不知道，她向大人们打听，她的妈妈到哪里去了，为什么这么久了还不回来。大人们沉默着流泪了，他们对小女孩说，你的妈妈去找你爸爸去了，不久就会回来。

小女孩相信了大人的话，她不再哭泣询问，而是唱起妈妈教给她的许多儿歌，一首接一首地唱，像轻风一样在阴沉的集中营吹拂。她还不时爬上囚室的小窗，向外张望，希望看到妈妈从远处走来。

小女孩没有等到妈妈回来。就在一天清晨，纳粹士兵用刺刀驱赶着，将她和其他数百名犹太人逼上了刑场。刑场上早就挖好了深坑，所有的人都将一起被活埋在这里。人们在恐惧中沉默着，发不出任何声音。他们一个接一个地被纳粹士兵残暴地推下土坑。

当一个纳粹士兵走到小女孩跟前，伸手要推她的时候，小女孩睁大漂亮的眼睛对纳粹士兵说："叔叔，请你把我埋得浅一点好吗？要不，等我妈妈来找我的时候，就找不到了。"

纳粹士兵伸出的手僵在了那里，周围顿时响起一片抽泣声，接着是一阵愤怒的呼喊……

谁也没能逃出纳粹的魔掌。但小女孩纯真无邪的话却撞痛了人们的心，让他们在死亡之前找回了人性的尊严和力量。暴力真的能摧毁一切？不，在天真无邪的爱和人性面前，暴力让暴力者看到自己的丑恶和渺小。

【解读】

纳粹可以埋葬小女孩的身体，也可以屠杀、埋葬更多的犹太人。然而，他们永远也无法摧毁人们对生命平等的渴望和反对等级观念的斗志！集中营里的那个小女孩死了，妈妈再找不到她了，但世界找到了她——世界从她那里找到了生命的力量和信念。

慈善的不是钱，而是人们的爱心

【名言】

即使全世界都毁灭了，平等依然存在。

——【法国】罗曼·罗兰

【故事】

2007年2月的一天，刚刚卸任的联合国秘书长安南在得克萨斯州的一个庄园里举行了一场慈善晚宴。安南举行这场慈善晚宴的目的是为非洲贫困儿童募捐，应邀参加的都是富商和社会名流。

晚宴将要开始的时候，一位老妇人领着一个女孩来到了庄园的入口处，小女孩手里捧着一个看上去很精致的瓷罐。

守在庄园人口处的保安安东尼拦住了这一老一小。他和蔼地说：“欢迎你们，请出示请柬，谢谢。”

“请柬，对不起，我们没有接到邀请，是她要来，我陪她来的。”老妇人抚摸着小女孩的头对安东尼说。

“很抱歉，除了工作人员，没有请柬的人不能进去。”安东尼说。

“为什么？这里不是举行慈善晚宴吗？我们是来表示我们的心意的，难道不可以吗？”老妇人的表情很严肃，“可爱的小露西，从电视上知道了这里要为非洲的孩子们举行慈善活动，她很想为那些可怜的孩子做点事。决定把自己储钱罐里所有的钱都拿出来，我可以不进去，真的不能让她进去吗？”

“是的，这里将要举行一场慈善晚宴，应邀参加的都是很重要的人士，他们将为非洲的孩子慷慨解囊。很高兴你们带着爱心来到这里，但是，我想这场合不适合你们进去。”安东尼解释说。

“叔叔，慈善的不是钱，是心，对吗？”一直没有说话的小女孩露西问安东尼。她的话让安东尼愣住了。

“我知道受到邀请的人有很多钱，他们会拿出很多钱，我没有那么多，但这是我所有的钱啊。如果我真的不能进去，请帮我把这个带进去吧！”小女孩露西说完，将手中的储钱罐递给安东尼。

安东尼不知道是接还是不接，正在他不知所措的时候，突然有人说：“不用了，孩子，你说得对，慈善的不是钱，是心。你可以进去，所有有爱心的人都可以进去。”

说话的是一位老头，他面带微笑，站在小露西身旁。他躬身对小露西说了几句，然后直起身来，拿出一张请柬递给安东尼：“我可以带她进去吗？”

安东尼接过请柬，打开一看，忙向老头敬了一个礼：“当然可以了，沃伦·巴菲特先生。”

当天慈善晚宴的主角不是倡议者安南，不是捐出300万美元的巴菲特，也不是捐出800万美元的比尔·盖茨，而是仅仅捐出30美元零25分的小露西，她赢得了最多最热烈的掌声。而晚宴的标语也成了这样一句话：“慈善的不是钱，是心。”

第二天，美国各大媒体纷纷以这句话作为标题，报道这次慈善晚宴。看到报道后，许多普普通通的美国人纷纷表示要为非洲那些贫穷的孩子捐赠。

【解读】

一个人的能力有大小，能为社会作的贡献也不一样。但是，只要愿意付出，他们的爱心都是平等的，都应该受到尊重。正如文中的小姑娘露西所说的那样："慈善的不是钱，是心。"

是的，慈善的不是钱，而是人们的爱心。只要拥有一颗慈善之心，就是一个正直的人，一个高尚的人，一个值得人们尊敬的人。

基督耶稣的坟墓也是空的

【名言】

同一的太阳照着他的宫殿，也不曾避过我们的草屋：阳光是一视同仁的。

——【英国】莎士比亚

【故事】

杰里米一生下来就和别的孩子不一样，他不但身体扭曲变形，反应迟钝，而且身患绝症，如今病魔正一点点地吞噬着他的生命。尽管如此，他的父母仍旧尽最大的努力让他过正常的生活，并且把他送到圣特丽萨小学读书。

杰里米 12 岁时，才读到小学二年级。很显然，他的学习能力非常有限。上课时，他会在座位上不停地扭动身子，嘴里流着口水，发出呼噜呼噜的声音。有时他也能很清楚很明白地说话，就好像有一道亮光洞穿了脑中的重重黑暗。但是，这种情况非常稀少而且短暂。大多数时候，杰里米总是会使桃瑞丝·米勒老师发火。

一天，米勒老师打电话给杰里米的父母，请他们到学校来。空荡荡的教室里，福里斯特夫妇惴惴不安地坐在座位上。桃瑞丝老师对他们说："杰里米应该到特教学校去上学。让他和这些学习上没有障碍的比他年龄小5岁的孩子在一起学习对他来说是很不公平的。”

听了老师的话，福里斯特太太伤心地哭了起来。福里斯特先生说：“米勒小姐，你知道，这附近没有那种学校。如果我们把杰里米从这所学校带走的话，对他来说才是真正的不平等。你知道，他非常喜欢这里。”

福里斯特夫妇离开以后，桃瑞丝静静地凝视着窗外纷纷扬扬的雪花，独自一人在教室里坐了很久很久。她感到那冰雪的冷酷似乎已经渗透到她的灵魂深处了。她虽然很同情福里斯特夫妇，但继续让杰里米留在她的班级里是一件不公平的事情。她还有其他18个孩子要教，而杰里米会使他们分散注意力、不安心学习的。

此外，杰里米根本就学不会阅读和书写，为什么还要在他身上浪费更多的时间呢？突然，她觉得有一种罪恶感笼罩了她的心灵。

“哦，上帝，”她大声地祈祷着，“请您帮助我吧！让我对杰里米多些耐心吧！”

从那以后，桃瑞丝老师竭力不让自己去注意杰里米制造的噪音和他那茫然的目光。

有一天，杰里米拖着他那残疾的腿一瘸一拐地走到讲台前：“我爱您。米勒小姐！”

他大声说道，声音大得全班同学都能听见。

同学们窃笑起来，桃瑞丝的脸一下子红了。“这很好啊，杰里米，谢谢你。现在，请你回到座位上去吧。”

不久，春天来了，孩子们都在兴奋地谈论着即将到来的复活节。桃瑞丝老师发给每个孩子一颗硕大的塑料彩蛋。她对孩子们说：“请大家把这个复活节彩蛋带回家去，明天再把它带回来，但要记住的是，明天在把彩蛋带回来的时候，彩蛋里面要放一个能够代表新生命的东西。”

“是。”孩子们异口同声地答应着，除了杰里米。他的眼睛一刻也没有离开桃瑞丝的脸，甚至没有像以往那样发出任何噪音。

第二天早晨，阳光明媚，鸟声啁啾。19个孩子兴高采烈地来到了学校，他们把各自的彩蛋放进讲台上的一个大柳条篮子里。数学课上完后，就是打开这些复活节彩蛋的时候了。

在第一颗彩蛋里，桃瑞丝发现了一朵美丽的花。“哦，很好。花儿当然是新生命的象征！”

坐在第一排的一个小女孩挥舞着双臂叫道："那是我的！"

接着，桃瑞丝打开了第二颗彩蛋。彩蛋里放的是一只惟妙惟肖的塑料蝴蝶。"美丽的蝴蝶是由毛毛虫长大以后变化来的。因此，它也是新生命的象征。"

桃瑞丝又打开一颗彩蛋，里面放着的是一块长着苔藓的小石头。接下来，桃瑞丝打开了第四颗彩蛋，她一下子惊讶得屏住了气。彩蛋里竟然空空如也！这一定是杰里米的，她想，当然，他根本就不明白她布置的作业。为了不使杰里米感到难堪，她轻轻地把那颗彩蛋放到了一边，伸手去拿另外一颗彩蛋。

突然，杰里米大声叫道："米勒小姐，您不打算说说我的彩蛋吗？"

对于杰里米这冷不防的问话，桃瑞丝没有任何准备，她惊慌失措地答道："但是，杰里米，你的彩蛋是空的啊！"

杰里米凝视着桃瑞丝的眼睛，轻声地说："是的，但耶稣的坟墓也是空的啊！"

顿时，大家都惊呆了，教室里鸦雀无声，时间也仿佛停止了。良久，桃瑞丝才回过神来，她问道："你知道为什么耶稣的坟墓是空的吗？"

"当然知道啦！"杰里米大声说道，"耶稣被杀死以后，遗体就放在坟墓里，但是天父又让他复活了！"

杰里米的话刚说完，桃瑞丝的眼泪就止不住地流了下来……

【解读】

对个体来说，生命或许稍有差异，文中的杰里米就因为疾病等原因，无法像其他的孩子一样，正常学习和生活。不过，每个生命都是一次奇迹，每个生命都是平等的。单就生命本身而言，人们都要平等视之。

追求平等自由的社会环境，倡导平等的交往意识和竞争观念

人类是社会动物，聚群而居，相互依存。在现代社会中，无论何时何地，都要与别人交往。有交往，就难免有竞争！无论是父母和子女，朋友之间，还是夫妻之间的交往，都要秉承一个原则，那就是平等。只有平等的交往，才能让人产生愉悦的心情，继而激发竞争意识。

顾名思义，竞争就是与他人竞赛，争取共同的目标。从结果上看，竞争不可能平等，因为不是所有人都能达到同一目标。不过，在平等自由的社会中，人们强调的平等竞争不是结果，而是机会。只要机会是平等的，结果如何，也就不重要了。

闵子骞身穿芦花袄不忘兄弟

【名言】

公则四通八达，私则偏向一隅。

——《薛瑄全集·读书录》

【故事】

闵子骞（公元前536年~前487年），春秋时期鲁国人，孔子的学生，以孝顺父母、友爱兄弟著称于世。据《史记·仲尼弟子列传》记载，闵子骞自幼丧母，跟父亲一起生活，日子还算过得去。后来，父亲娶了继母王氏，他的日子可就不好过了。

王氏心术不正，又阴险狡猾。她对亲生的两个儿子体贴备至，对闵子骞却百般虐待。家里的脏活累活全让闵子骞干，剩菜剩饭全让闵子骞吃，还经常对他非打即骂。

闵子骞年纪虽小，却孝敬父母。平时吃饭他总是恭敬地把好饭菜端到父母面前，吃完饭后，他又抢着收拾桌子，洗刷碗筷。但是继母就是看他不顺眼。

闵子骞12岁那年冬天，天气异常寒冷。一天，父亲让他驾着牛车，拉全家人去走亲戚。这天，寒风呼啸，小子骞驾着车，冻得直打哆嗦。当牛车来到五洞山下一个小村庄前时，他的手冻僵了。牛缰绳从他失去知觉的手中脱落到地上，车子停住了。

父亲看他穿着厚厚的棉袄，却抖成一团，而两个小儿子穿得没有他厚，却显得不像他那样冷，便十分生气，骂道："我打死你这没出息的东西!"

说着，父亲夺过皮鞭，"刷"地一鞭抽打在闵子骞的身上。棉衣当即裂开了一个大口子，一团团芦花立刻从袄中飘飘扬扬地飞向空中。

父亲登时呆住了。他把闵子骞的棉袄一撕，发现里面全是芦花，再撕开两个小儿子的棉袄一看，里面全是新棉花，方知子骞为何冻成这样。他气得脸色发青，迅速调转车头返回家去。

回到家中，闵父憎恨后妻虐待闵子骞，不顾后妻下跪磕头求饶，坚决要将她赶出家门，免得儿子再遭罪受苦。

闵子骞却一边流着眼泪，一边苦苦哀求父亲不要赶走继母。他对父亲说："有母亲在，只有我这一个儿子穿得单薄。如果她走了，我们三个孩子可就都要受冻了。"

闵子骞表示，如果父亲不答应他的请求，他将长跪不起。

父亲听了，泪水止不住淌了下来，哽咽着说："儿啊，真难为你小小年纪，竟有如此胸怀。"

父亲最终没有将后妻赶走。继母见闵子骞没有怨恨自己，很受感动，从此三个儿子一样对待。闵子骞长大后，孝名闻于天下。

【解读】

宽容的力量非常巨大。宽容能使战争消弭，宽容能使不幸结善果，宽容能叫冬雪化春风。宽容能让一颗狭隘的心灵学会大度。在平等基础之上的宽容更能感动人心。闵子骞身穿芦花袄，但心里却想着他的两个弟弟，终于感动了继母，换来了平等。

楚国和梁国边境上的瓜田

【名言】

己所不欲，勿施于人。

——【春秋】孔子

【故事】

春秋无义战，攻城掠地，拓展疆土，成了君主们毕生追求的伟业。可百姓谁不渴望过没有刀光剑影的日子呢？即使是士兵也盼着国界上偃旗息鼓，剑戈入库。

梁国和楚国交界，两国的士兵怀着复杂的心情在边界对峙着。他们盼望和平早点降临，但又不能放下自己的责任。好在，两国之间很久都没有发生战事，两国士兵对彼此的敌意也就减少了不少。

日子清闲下来，士兵们就想着做点别的事情来打发时间。起先，梁国的士兵想着在家乡种田的好时光，手痒痒了，便在边界梁国一侧种起了西瓜。楚国的士兵望着梁国士兵在田间忙碌的样子，很好奇，便在边界楚国一侧也种上了瓜。

或许梁国是小国，士兵们更知自励的道理，做起农活儿来非常勤奋，瓜种上后，每天都挑水浇地，松土施肥，眼看着瓜苗茁壮地长起来。

楚国的士兵呢？或许楚国是大国，士兵们也养成了傲慢的性情，对农活儿不屑一顾，瓜种上了，却从来没有侍弄过。

初夏，一场痛快的大雨过后，梁国的瓜田像一片翠绿的湖水，风吹叶摆，瓜湖也随之泛起了涟漪。彼邻的楚国瓜田却像被飞蝗啃过似的，稀稀疏疏地趴在地上，没有一点儿生机，可楚国的士兵依然不去补救。勤劳的人最愉快的时光是收获的季节。梁国的瓜田长出了又大又甜的瓜。士兵们每天都到瓜田摘瓜，性急的就在地里打开瓜开怀痛吃。

楚国瓜田里的瓜又瘦又小，可傲慢的楚国士兵并没有从傲慢中清醒过来，每天望着梁国士兵在瓜田里尽情享受的样子，认为是向他们挑衅，心中的妒火渐渐使他们失去了理智。

夜深了，清脆的虫鸣声像催眠的歌，将欢乐一天的梁国士兵唱入了梦乡。可让妒火煎熬着的楚国士兵睡不着，他们借着虫鸣声的掩护悄悄地跑过边界线，蹿入梁国的瓜田，随意地践踏起来。

第二天，快乐的梁国士兵来到瓜田，立即被田中的惨状惊住了。大片的瓜秧成了残枝败叶，破碎的瓜像宴后的残羹铺满了一地。

勤劳的人一定也很谦和。梁国的士兵虽然气愤，但没有随意猜疑毁瓜人。天黑后，他们在瓜田附近隐蔽起来，等着毁瓜人现身。还是在虫鸣清脆的深夜，还是那群楚国士兵跑过国界在瓜田中随意地践踏，还是他们发泄完心中的妒火又悄悄地溜回了楚国一侧。

真相大白了！梁国的士兵愤怒了，他们跑回军营向首领宋就报告楚国士兵毁瓜事情，请求其立即下令报复他们。

宋就听罢，笑着摇摇头说："为什么要相互报复呢？那样会使仇恨越积越深，最终会酿成大祸。为什么不能以德报怨呢？那样会使仇恨释解，最终会结出硕果。”

宋就的话使怒火中烧的士兵平静下来。士兵们问：“那我们怎么办呢？”

宋就说：“每天晚上悄悄地到楚国的瓜田，替他们浇水。”

又是一个虫鸣清脆的深夜，又是一群士兵越过了边界，不过是从梁国越到楚国，并且每人的肩上还担着两桶满满的水。这样的深夜一天天重复着。楚国瓜田里的瓜也一天天地好起来。傲慢的楚国士兵开始怀疑瓜田的变化了。这次该是他们隐蔽在瓜田旁，该是他们在虫鸣清脆的深夜看到梁国的士兵越过国界，该是他们目睹梁国的士兵为他们担水浇瓜。

楚国的士兵们感动了，因内疚而悔恨不已，连夜向上级禀报了毁瓜浇瓜之事，请求处罚。士兵的报告震惊了楚国的将军，他知道如果梁国以怨报怨，两国定要燃起战火，现在却事得其反。他深感责任的重大，又将此事呈报给楚王。

楚王接到呈报，感慨万端。他对楚国的大臣们说：“梁国的将士有如此的美德，梁王一定是个诚信之人。楚梁两国应该永远修好才是啊！”

于是，楚王特备重礼送梁王，既以示自责，也以示酬谢，结果这一对敌国就成了友邻。从此，梁国和楚国的士兵共同在边界的瓜田上劳作，两国的瓜田很快连城了一个翠绿的湖，风吹瓜叶，瓜湖泛起的涟漪分不出在哪国的土地上波动。两国的百姓终于盼来了不见刀光剑影的日子。

【解读】

所谓平等，就是不占别人的便宜，不嫉妒别人的成就。实事求是地说，谁也不愿意被占便宜，谁也不愿意被人惦记着嫉恨。如果每个人都不想占别人的便宜，不对别人的成就产生嫉妒，做到“己所不欲，勿施于人”这一点，平等与和谐也就实现了，一如故事中的楚国和梁国士兵。

徐光启开放思想，敢为人先

【名言】

自私自利之心，是立人达人之障。

——【明朝】吕坤

【故事】

徐光启（1562 年 4 月 24 日～1633 年 11 月 10 日）字子先，号玄扈，教名保禄，明末著名的科学家、农学家、政治家和中西文化交流的先驱之一。

徐光启是上海人。在他出生之前，上海沿海一带遭倭寇骚扰十分严重。徐光启小时候，常常听他的父亲谈起当地人民英勇反抗倭寇侵略的情景，心里滋长起爱国的激情。

长大以后，徐光启上京赶考路经南京，听说那儿来了个欧洲传教士利玛窦，经常讲些西方的科学知识。南京的一些读书人都喜欢跟利玛窦结交。徐光启经过别人介绍，认识了利玛窦。他听利玛窦讲的科学道理，都是自己过去在古书上没有读到过的。打那时候起，他对西方科学发生了浓厚的兴趣。

利玛窦传播科学知识，主要是为了传教的方便。他觉得要扩大传教，一定要得到中国皇帝的支持。那时候，明朝是不让教士到北京传教的。利玛窦要地方大臣在明神宗面前帮他说话，他还到了北京，通过宦官马堂的门路，送给明神宗圣经、圣母图，还有几只新式的自鸣钟。明神宗不懂得圣经，也不知道圣母是什么人。但是对新式自鸣钟，倒很感兴趣，命令马堂把利玛窦带进宫来。

明神宗接见利玛窦的时候，请利玛窦谈谈西洋的风俗人情。利玛窦本来是意大利人，为了夸耀自己，把自己说成是“大西洋国”的人。有人一查万国地图，找不到什么“大西洋国”，就怀疑利玛窦来历不明，要明神宗把他撵走。

明神宗不听这个意见，倒赏给利玛窦一些财物，让他留在京城传教。有了皇帝的支持，利玛窦跟朝廷官员们接触就很方便了。

过了几年，徐光启考取了进士，官封翰林，也到了北京。他认为学习西方的科学，对国家富强有好处，就决心拜利玛窦为师，向他学习天文、数学、测量、武器制造各方面的科学知识。

但是，他的这一想法还没有付诸实施就遭到了一些朋友的反对。朋友说："大明乃是天朝上国，你身为大明的朝廷命官，怎么能拜这个红毛鬼（当时国人对西洋人的蔑称）为师呢？"

徐光启回答说："西洋人又怎么了？尺有所短，寸有所长，难道我中华上国什么都是好的，根本不需要向西洋学习吗？"

就这样，徐光启坚持以平等的态度对待中西文化，拜利玛窦为师。

有一次，利玛窦跟徐光启谈起，西方有一本数学著作叫《几何原本》，是古代希腊数学家欧几里得写的一本重要著作，可惜要翻译成汉文很困难。徐光启说："既然有这样的好书，您又愿意指教，不管怎样困难，我也要把它翻译出来。"

打那以后，徐光启每天下午一离开翰林院，就赶到利玛窦那儿，跟利玛窦合作翻译《几何原本》，由利玛窦讲述，徐光启笔译。那时候，还没有人译过国外数学著作，要把原作译得准确，可不是件简单事。徐光启花了一年多时间，逐字逐句地反复推敲，再三修改，终于把前六卷《几何原本》翻译完成。

除了《几何原本》之外，徐光启还跟利玛窦和另一个西方传教士熊三拔合作，翻译过测量、水利方面的科学著作。后来，他又在研究我国古代历法的基础上，吸收了当时欧洲在天文方面的最新科学知识，对天文历法的研究，达到了很高的水平。

明神宗的时候，国家爆发战争，杨镐统率的四路大军在萨尔浒几乎全部覆没，满朝文武大臣都十分震惊。大家齐集在宫门外，呼吁明神宗增加兵力，调拨军饷，抵抗后金。翰林院官员徐光启，一连上了三道奏章，认为要挽救国家危局，只有精选人才，训练新兵，还自愿担任练兵的工作。明神宗听说徐光启熟识军事，就批准他到通州练兵。得到了明神宗的批准，他满怀希望，想尽快练好新兵，加强国防。哪料到朝廷各个部门腐败透了，练兵衙门成立了一个月，徐光启要人没人，要饷没饷，闲得没事干。

后来，他好容易领到一点军饷，到了通州，检阅了那儿招来的七千多新兵，大多是老弱残兵，能够勉强充数的只有 2000 人，更说不上精选了。他大失所望，只好请求辞职。

1620 年，明神宗死去，他的儿子明光宗朱常洛也接着病死，神宗的孙子朱由校即位，这就是明熹宗。徐光启又回到京城，他看到后金的威胁越来越严重，又竭力主张要多造西洋大炮。为了这件事，跟兵部尚书发生矛盾，徐光启被排挤出朝廷。

徐光启回到上海，已经是 60 多岁的老人了。他本来对研究农业科学很有兴趣，回到家乡后，又在自己的田地上，亲自参加劳动，做一些试验。后来，他把他平日的研究成果，写成了一部著作，叫作《农政全书》。在这本书里，对我国的农具、土壤、水利、施肥、选种、嫁接等农业技术，都有详细的记载，真可以称得上我国古代的一部农业百科全书呢！

【解读】

“尺有所短，寸有所长”，世间万事万物永远都无法达到完美的境界，顶多也就是接近完美。如何接近完美呢？唯一的途径就是与人交往，学习他国和他人身上的长处，取长补短。向他国、他人学习不但需要勤奋好学的精神，更需要有平等胸怀。不管对方是谁，只要他身上有闪光点，都要虚心学习，就如故事中的徐光启拜“洋人”利玛窦为师一样。

独立思考敢于质疑的李时珍

【名言】

君子不以形迹疑人，亦不以言语信人。

——［清］申居诚

【故事】

李时珍（约 1518 ~ 1593），字东璧，晚年自号濒湖山人，蕲州（今湖北省黄冈市蕲春县）人，中国古代最著名的医学家、药学家和博物学家之一。他所著的《本草纲目》集本草学之大成，对后世的医学和博物学研究影响深远。

李时珍的祖父、父亲都当过医生。父亲李言闻对药草很有研究，李时珍从小受父亲的影响，常常跟小伙伴一起上山采集各种药草。日子一长，他能认得各种草木的名称，还能知道什么草能治什么病。他的医药知识渐渐丰富起来。

不过，当时做医生可不是什么好职业，普遍被上层社会看不起。所以李言闻自己是医生，却要李时珍读书应科举考试。李时珍在父亲督促下，在 14 岁那年就考中了秀才。但是以后参加举人考试，三次都没有考中。别人都替他可惜，李时珍却并不因此失望。他觉得当个好官是为百姓服务，当个好医生同样能为百姓服务，两者并无多大的区别。

李时珍的志愿是做个替百姓治病的好医生。打那时候起，李时珍就一心一意跟他父亲学医。正好在这一年，他的家乡发生一场大水灾，水退以后，又流行疫病，生病的都是没钱的穷百姓。李时珍家并不宽裕，但是父子俩都很同情穷人，穷人找他们看病，他们都悉心医治，不计报酬。老百姓认为他们医术高明，治病热心，都很感激他们。

所谓“医者父母心”，李时珍给人看病，从来不以来者的身份不同而区别对待。穷人找他看病，他给看；王公贵族找他看病，他也给看。他常常替当地的王公贵族看病，那些贵族家里藏书不少，李时珍就靠他行医看病的方便，向王公贵族家借图书看。李时珍为了研究医术，读了许多古代的医书。我国古代很早就有了医书。汉朝人写过一本《神农本草经》，以后一千多年，不断出了许多新的医书。这样一来，他的学问就越来越丰富，医术也越来越高明了。

李时珍的名气越来越响，被他看好病的人，到处宣传李医生好。附近州县得病的人，也赶来请李时珍看病。

有一次，楚王的儿子得了一种抽风的病。楚王府虽然也有医官，但是谁都没法治好。这孩子是楚王的命根子，楚王怎么不着急？有人告诉楚王，只有找李时珍，才能治好这种病。楚王赶快派人把李时珍请到王府。李时珍一看病人的脸色，再按了按脉，就知道孩子得的这种抽风病是肠胃病引起的。他开个调理肠胃的药方，叫人上药铺抓了药。楚王的儿子一吃药，病就全好了。

楚王十分高兴，再三挽留李时珍在楚王府待下来。就在这时，明世宗担心自己一天天衰老下去，有朝一日死掉，无法尽情享乐，便千方百计寻找一种长生不老的药方。

1556年，朝廷下令各地官吏推荐名医。当时封在武昌的楚王，把正在王府里的医生李时珍荐给太医院。没有多少日子，正碰上朝廷征求人才。楚王为了讨好明世宗，就把李时珍推荐到北京太医院去了。

太医院本来是国家最高的医疗机构。可是在那时候，明世宗对真正的医学并不重视，却迷信一批骗人的方士，在宫里做道场，炼金丹，想凭这些办法使自己长生不老。李时珍是一个正直的医生，看不惯那种乌烟瘴气的环境。他在太医院待了一年，就辞职回家。

李时珍辞去官职，回家的路上，顺便游历了许多名山胜地。他上山不是为了欣赏景色，而是为了采草药，研究各种草木的药用性质。有一次，他到均州（今湖北均县）的武当山去，听说那里产一种榔梅，吃了能使人返老还童，人们把它称作“仙果”。宫廷的贵族都把它当作宝贝一样，要地方官吏年年进贡，并且禁止百姓采摘。

李时珍可并不相信真有什么仙果。为了弄清真相，他冒着危险，攀登悬崖峭壁，采到了一颗榔梅，带回家乡。经过他详细研究，才知道那种果子只不过像一般梅子一样，有生津止渴的作用，根本谈不上什么“仙果”。

李时珍从长期的医疗工作和采集药物的过程中，得到了不少科学的资料。他发现古代医书上的记载，有不少错误。再说，经过那么多年代，人们又陆续发现了许多古代书上没有记载过的药草。他就决心编写一本新的完备的药书。辞职回家以后，他花了将近30年的时间，写成了著名的医药著作《本草纲目》。在这本书里，一共记录了1892种药，收集了10000多个药方，为发展祖国的医药科学作出了伟大的贡献。

《本草纲目》出版以后，一直流传到全世界，已经被翻译成日文、德文、英文、法文、俄文、拉丁文等许多种文字，在世界医药界中占有重要的地位。

【解读】

平等难求，所以人人渴望平等。如何才能在现实社会中实现平等呢？方法有很多，路子也不止一条。不过，独立之思想和敢于质疑之精神则是这众多方法的基础。李时珍善于独立思考，敢于质疑貌似权威的说法，这才有了对待万事万物的平等态度，才有了闻名于世的《本草纲目》。

宋嘉树一视同仁，平等待子女

【名言】

一个人无论取得多大成就都不能自夸，对任何人都应该平等相待，永远谦虚。

——【爱尔兰】萧伯纳

【故事】

在中国近代史上，出了三位特殊的女性，她们是：宋霭龄、宋庆龄、宋美龄三姐妹。老大宋霭龄嫁给了国民政府财政部长孔祥熙；老二宋庆龄则嫁给了“国父”孙中山，被世人尊称为“国母”；老三宋美龄是蒋介石的夫人。

宋家姐妹三人一生的成功与父亲宋嘉树的教育有着直接的关系。在对待子女的教育上，宋嘉树坚持三个最基本的原则：一是“不计毁誉，务必占先”；二是男女都一样，平等对待；三是和孩子们交朋友。

早年，宋嘉树追随孙中山先生干革命，他首先在自己的家庭开辟了一块没有封建思想束缚的乐园，使三个女儿在民主、平等、先进的生活环境中健康成长。

在三个女儿中，宋霭龄和宋美龄天资聪慧，大胆泼辣，在她们刚满5岁时，宋嘉树就把她们送到寄宿学校——中西女塾去读书。

老二宋庆龄与姐姐、妹妹一样聪明，但不像她二人那样大胆泼辣，锋芒毕露。7岁时，父亲也把她送到了中西女塾。

由于宋嘉树早年受到西方教育，所以对子女的教育讲究中西结合，在宋霭龄15岁时，宋嘉树夫妇便把她孤身一人送到美国求学。因此，宋霭龄是中国近代史上最早赴美国接受高等教育的女子之一。

两年后，宋氏夫妇又把二女儿宋庆龄也送到美国学习。当时宋美龄年仅11岁。由于年龄小，所以在威斯里安女子学校注册为特别生。宋家三姊妹全都去了美国，接受西方高等教育。宋嘉树在子女接受高等教育上占了先。

宋霭龄极富音乐和表演才华，宋氏夫妇便努力做大女儿表演的最佳“搭档”，另外几个弟弟和妹妹则是忠实的观众。傍晚时分，通常是由宋夫人熟练而凝神地弹奏钢琴；几个兄弟姐妹围坐在一起，听父亲和大姐的男女声二重唱。听着父亲纯美洪亮的嗓音在钢琴的伴奏下流淌出的美国南方民歌，宋家姐妹们从心底里升腾起对父母的崇敬与热爱。

二女儿宋庆龄沉着稳重、文静腼腆，和姐妹兄弟们在一起玩耍时，她总是最含蓄最文雅的一个。不过宋嘉树夫妇是开明的家长，没有封建家长的威严，他们为孩子们营造的生活环境和气氛，也使宋庆龄在这方面得到了锻炼。

在假日里，宋家孩子们在院子里尽情地玩耍，有时还爬过院墙到别人家的田地里嬉戏；有时到田野里奔跑，到野外采集花草，捕捉虫鸟，无拘无束地欢娱嬉戏。

有一次，姐妹几个玩“拉黄包车”的游戏，而且玩得很投入，大姐宋霭龄扮作黄包车夫，二姐宋庆龄扮成乘客，弟弟妹妹们跟在身后又蹦又跳，玩得很是开心。

不料由于“车夫”拉车用力过猛，黄包车失去控制，这下坏了，把“乘客”抛了出去。“车夫”知道闯了大祸，愣在那里不知如何是好，最难受的是“乘客”，又疼又委屈，一脸的不高兴。

后来这件事被父亲知道了，他慈爱地对大女儿宋霭龄说：“做游戏一定要掌握分寸，拉‘黄包车’可不能光凭力气呀！如果是伤了乘客，那以后还怎么拉生意呢?”

宋霭龄不好意思地笑了。

宋嘉树又把二女儿宋庆龄喊过来笑着说：“我们的这位小‘乘客’宽宏大量，又勇敢坚强，真是个了不起的小英雄!”

宋庆龄受到父亲的夸赞和鼓励，也很快雨过天晴了。

【解读】

如何与子女相处，不但是为人父母者普遍关心的问题之一，也是青少年朋友最为敏感的问题之一。现代社会，父母大多接受过中西结合的现代教育，在这一问题上相对开明，已经没有了传统的“重男轻女”观念，能够平等地对待子女。但只做到这一点还不够，家长还应该以朋友的身份和子女相处，融入到孩子的世界中去。当然，青少年朋友也应该以平等的态度对待父母。

阿基米德勇敢地到埃及留学

【名言】

给我一个支点，我可以撬动地球。

——【古希腊】阿基米德

【故事】

阿基米德（公元前287年~前212年），古希腊伟大的数学家、物理学家、天文学家和发明家。他在数学、几何学、力学、流体静力学、光学和天文学等诸方面皆有很高造诣；他应用数学知识巧妙地提出了许多具有实际应用价值的物理定律，诸如：浮力定律、杠杆原理、滑轮原理，以及重心理论等。他注重理论与实践的结合，把数学理论和力学用之于工程技术之中，作出了历史上罕见的巨大贡献。恩格斯曾评价阿基米德是对科学作出了“精确而有系统研究”的科学家。

阿基米德取得的伟大成就与他的父亲从小的悉心教育是分不开的。阿基米德的父亲费狄亚是当时希腊的天文学家兼数学家，他深深地为希腊的文化而折服。可是到了他这里，古希腊的文化已经渐趋于没落。费狄亚希望自己的儿子能够成为一个有作为的人，振兴祖国的文化。所以，他给儿子取了一个不平常的名字——阿基米德，在希腊语里，它的意思是杰出的思想家。

基于这样的希望，阿基米德的父亲从儿子很小的时候就及时精心培养。他不仅教孩子学习语言与常识，而且经常带他到植物园、动物园游玩，以此来培养他学习科学文化的兴趣并开拓孩子的视野。随着他慢慢长大，父亲又开始教他学习数学、几何、天文、哲学，还教他学习证题、推理和文学。父亲悉心的培养，使小阿基米德的聪颖才智得到了充分的开发。

阿基米德从小便深受父亲的熏陶和影响，为人谦虚谨慎。8岁那年，阿基米德开始投师学习。他每天天不亮就起床，走很长的一段路到老师家中去上课。阿基米德从未骑马或坐车，尽管家中比较富有。

他涉猎广泛，聪明又勤奋，不仅学习数学、几何、天文、哲学，还要学习证题、推理和文学。他常常到当地的知名人士家中借阅图书，也常常浏览书摊，有时到书摊看书，直到天黑才恋恋不舍地回家。

随着年龄的增长，阿基米德的身上开始显露出众多的与众不同之处。他把越来越多的时间用在思考、探讨、学习和写作上，极少想自己的事。为了研究一个问题，常常忘记了吃饭、洗澡，就连日常生活的小事情，都不得不由别人去帮助。

一天，费狄亚带着阿基米德来到海边，指着远方问道："孩子，你知道地中海的对岸是什么地方吗？"

阿基米德极目望去，除了湛蓝色的海水和翱翔着的点点海鸥，什么也望不见。但他不假思索地回答："那里有一个名叫埃及的国家，爸爸。"

"对的。"费狄亚高兴地点点头，"在埃及，有一个港口叫做亚历山大里亚，在那里，聚集了很多著名的学者，还有藏书丰富的亚历山大里亚图书馆和博物馆。亲爱的孩子，你愿意到海的对岸去学习吗？"

阿基米德肯定地点点头说："要是能够到那里去学习，我真是太高兴了，爸爸。"

费狄亚又说："孩子，大海现在很安静，可是，有时候它会发怒的。你不怕在航行中怒涛把你吞没吗？"

"怕。"年幼的阿基米德回答道。

"你将离开家庭很远很远，不想念爸爸和你亲爱的妈妈吗？"费狄亚又试探地问。

"我当然会想念您和妈妈。等我学习完了，就回家来看望你们。"

"你不会感到孤单吗？亲爱的孩子，在亚历山大里亚，可只有你一个人啊！"费狄亚轻轻地抚摸着孩子那被海风吹乱了的蓬松卷发。

"怎么会呢，爸爸，您不是说过，在那儿有许多的学者和去求学的年轻人，还有存藏着许多许多图书的图书馆吗？我可以在那儿认识新的老师和新的同学，我会有新的朋友，还可以看很多的书，我不会感到孤单的，您放心吧！”

费狄亚看到阿基米德有这样的决心和勇气，就决定送他到亚历山大里亚去求学。可是，费狄亚没有那么多钱，幸好，当时的国王希艾罗是费狄亚的亲戚，在希艾罗国王的资助下，年仅 11 岁的阿基米德终于勇敢地乘船横渡波涛汹涌的地中海，去了闻名于世界的学术中心亚历山大里亚学习。

许多年后，阿基米德没有辜负父亲的期望，终于成为了著名的“想撬动地球的人”。

【解读】

每一个青少年都有自己的梦想，或想成为政治家，或想成为科学家，或想成为文学家……单有这些梦想还不够，大家还必须像阿基米德一样，融入社会，向朋友、同学学习，与他们平等竞争。只有这样，大家才能取长补短，发挥自己的优势。

亚历山大大帝从不居功自傲

【名言】

皇帝和鞋匠的灵魂是用相同的模子造出来的。

——【法国】蒙田

【故事】

亚历山大（公元前 356 年 ~ 前 323 年），古代马其顿国王，亚历山大帝国皇帝，世界古代史上著名的军事家和政治家。亚历山大足智多谋，在担任马其顿国王的短短 13 年中，以其雄才大略，东征西讨，先是确立了马其顿在全希腊的统治地位，后又灭亡了波斯帝国，建立了亚历山大帝国。

帝国鼎盛时期，领土横跨欧、亚、非三大洲，西起希腊、马其顿，东到印度河流域，南临尼罗河第一瀑布，北至药杀水。亚历山大创下了前无古人的辉煌业绩，促进了东西方文化的交流和经济的发展，对人类社会的进展产生了重大的影响。

亚历山大大帝功高至伟，但从来不骄傲自大，反倒能够以平等的态度对待他的臣民。有一次，亚历山大骑马旅行到俄国西部。一天，他来到一家乡镇小客栈，为进一步了解民情，他脱下军装，穿着平纹布衣进行一次徒步旅行。

当他走到一个三岔路口时，记不清回客栈的路了。亚历山大无意中看见有个军人站在一家旅馆门口，便走上去问道："朋友，你能告诉我去客栈的路吗？"

军人叼着一根大烟斗，头一扭，高傲地把这身着平纹布衣的旅行者上下打量一番，傲慢地答道："朝右走！"

"谢谢！"大帝又问道，"请问离客栈还有多远？"

"一英里。"军人生硬地说，并瞥了陌生人一眼。

亚历山大抽身道别，刚走出几步又停住了，回来微笑着说："请原谅，我可以再问你一个问题吗？如果你允许我问的话，请问你是什么军衔？"

军人猛吸了一口烟说："猜嘛！"

亚历山大风趣地说："中尉？"

那烟鬼的嘴唇动了一下，意思是说不止中尉。

"上尉？"亚历山大又试探性问了一句。

烟鬼摆出一副很了不起的样子说："还要高些。"

亚历山大不确定地说："那么，你是少校？"

"是的！"军人高傲地回答。

亚历山大敬佩地向他敬了礼。

少校转过身来摆出对下级说话的高贵神气，问道："假如你不介意，请问你是什么官？"

亚历山大学着军人的口吻，乐呵呵地回答说："你猜！"

军人问："中尉？"

亚历山大摇头说："不是。"

军人又问："上尉？"

亚历山大再次摇摇头，说："也不是！"

少校走近仔细看了看，惊讶地说：“那么，你也是少校？”

亚历山大镇静地说：“继续猜！”

少校取下烟斗，那副高贵的神气一下子消失了。他用十分尊敬的语气低声说：“那么，你是部长或将军？”

“快猜着了。”亚历山大说。

“阁下，阁下是陆军元帅吗？”少校结结巴巴地说。

亚历山大说：“我的少校，再猜一次吧！”

“皇帝陛下！”少校的烟斗从手中一下掉到了地上，猛地跪在大帝面前，忙不迭地喊道：“陛下，饶恕我！陛下，饶恕我！”

“饶你什么？朋友。”大帝笑着说，“你没伤害我，我向你问路，你告诉了我，我还应该谢谢你呢！”

正是因为亚历山大大帝从不居功自傲，所以他的士兵都愿意为其死战。这也是他能够横扫欧亚非，建立亚历山大帝国的重要原因之一。

【解读】

平等是什么？从某种意义上说，平等就是谦虚和宽容。当自己身居高位之时，能够谦卑地对待别人，不趾高气扬，这就是平等；当别人自觉高高在上、甚至冒犯我们的时候，我们能以宽容对待，这也是平等。谦虚和宽容是一个人立身处世的重要原则，只有这样才能取得更大的成就，一如故事中的亚历山大大帝。

孩子应该享有平等的权利

【名言】

没有知识的热心，犹如在黑暗中远行。

——【英国】牛顿

【故事】

艾萨克·牛顿（1643～1727），英国伟大的科学家。他在物理学、数学和天文学等方面都取得了巨大成就，创建了经典力学体系，被誉为力学之父。

1643年1月4日，牛顿在英国乌尔索普一个农民家庭里诞生了。牛顿还没有出世时，父亲就去世了，家庭生活的艰难可想而知。3岁那年，由于生活所迫，母亲改嫁他人。牛顿只好跟着外婆过日子。

6岁那年，牛顿进学校去读书。在学校里，牛顿的成绩并不是很好，经常受到老师和同学们的蔑视，因此他母亲几次劝他退学。幸亏外婆坚信牛顿是一个头脑聪明的孩子，坚持让牛顿在学校学习。她经常对别人说："我的外孙一点也不比别的孩子笨，他应该其他孩子一样，享有平等的权利。"

牛顿善于思考、醉心于发明，喜欢在家里摆弄机械、木头之类的玩艺。同时他对自然界充满了兴趣。外婆养有一只小花狗，这只小花狗总是喜欢在牛顿放学回来的路上去迎接他。一天下午，小花狗见到牛顿以后，一会儿跑前一会儿跑后地到处乱转。小花狗的影子在太阳下晃来晃去，引起了牛顿的注意。他找来一根树枝插在山坡上，于是就守着这根树枝观察它在太阳照射下的影子，他发现小树枝的影子，随着太阳角度的变化而变化。

牛顿发现这一秘密后，回到家里，便用钢凿把一块石块凿圆，然后在它的正中央凿一个窟窿，再用一根削好的木棍插在窟窿里，接着在围着这块石头的边缘刻上了刻度。之后他抱着自己制造的日晷来到了家门口。正在树阴下坐着乘凉的外婆问他手里抱着的是什么东西，牛顿说："这是用来测算时间的。"

说完，牛顿把这块石头放在了太阳底下，太阳照在日晷的木棍上投下了一道影子，而影子投向石板上的数字。太阳在移动，影子也在慢慢地移动，这样一来，就可以根据影子投向石板的数字来知道时间了。

由于牛顿的脑子里整天只装着这些问题，所以他的成绩很差，为此他常常遭到老师的惩罚。但每次惩罚完以后，尽管满腹委屈，但牛顿从不找人诉说，还是继续摆弄他的小发明。

有一次，他抱着他发明的小风车到学校里，拿给同学们看。同学们都很欣赏他的这一小小发明，可是有两个平时成绩很好的同学十分妒忌，于是讽刺他说："这个笨木匠，不好好读书，手艺倒是不错。"

"你们凭什么侮辱我？"牛顿说完便向这两个同学冲去，一下子便把这两个同学打翻在地，结果牛顿受到了老师的严厉惩罚。

老师劝牛顿退学，母亲也怪他不争气，决定让他回家做一个农民。后来，还是外婆的坚持，牛顿才没有退学。这件事对牛顿的打击很大，他决心要好好学习，为自己争一口气，否则，他在同学面前就抬不起头来，更无颜见自己的母亲和外婆。果然，没过多久，他的成绩直线上升。等到学期结束以后，老师和同学们不得不对他刮目相看了。

17 岁那年，牛顿终于以优异的成绩考上了剑桥大学。外婆高兴得合不拢嘴，她好不得意，要不是当初她坚持让牛顿继续读书，牛顿能上剑桥大学吗？然而，家里没有钱供牛顿读书，牛顿东凑西借仍然凑不齐学费，没办法，他只好向一个贵族乞求资助。那个贵族虽然答应给他资助，可条件是牛顿必须在大学第一年里去他们家做男仆，这个条件有点屈辱，但因为太过贫穷，牛顿还是答应了。

在大学的几年里，牛顿一面如饥似渴地认真读书，一面苦苦地钻研数学问题。他通过艰苦的运算、思索和实验，发明了微积分，这一发现震撼了科学界。毕业后，牛顿还发现了万有引力定律和力学定律。他的这些发现为人类生活带来了一场翻天覆地的变革，因而，他被认为是人类有史以来最伟大的科学家。

1665 年，牛顿回到故乡后，将在剑桥大学里学过的内容作了系统的整理和细致思考，认真领会了以前各位科学巨人的研究方法。他提出，第一步，要从事实出发，以观察和实验为依据，提出概念和概念之间的依从关系；第二步，要找到推理方法，主要是数学工具；第三步，把推导结果与实事进行印证。

依此方法，牛顿很快就推导出了二项式定理，制定出微积分，反映瞬时变量关系；他又用三棱镜把白光分解成七色光并确定每种颜色光的折射率。他还继承笛卡尔的理论，把地上的力学应用于天体现象来探索行星椭圆轨道问题，试图把苹果落地与月亮绕地球公转联系起来。

1687 年 7 月，《自然哲学的数学原理》这部划时代的著作问世，它以牛顿三大运动定律和万有引力定律为基础，建立了完美的力学理论体系，说明了当时人们所能理解的一切力学现象，解决了行星运动、落体运动、振子运动、微粒运动、声音和波、潮涨潮落以及地球的扁圆形状等各种各样的问题，为唯物主义哲学、进步的文学艺术的健康发展提供了坚实的基础。

【解读】

每个孩子都像是一张洁白无瑕的白纸，他们的未来无可限量。因此每个孩子都应该享有平等权利，接受同样的教育。对一个孩子的不公就可能错失一位某方面杰出的专家。从某种意义上说，这就成了对社会的不公。

请给孩子一个平等的机会

【名言】

有两种东西，我对它们的思考越是深沉和持久，他们在我心灵中唤起的赞叹和敬畏就会越来越历久弥新，一是我们头顶浩瀚灿烂的星空，一是我们心中崇高的道德法则。它们向我印证，上帝在我头顶，亦在我心中。

——【德国】康德

【故事】

康德（1724～1804），德国哲学家，一位在自然科学领域作出重大贡献的学者，也是西方乃是世界上最伟大的哲学家之一。他一辈子没有走出哥尼斯堡，但却发现了人类最为深刻的思想；身居斗室，却胸怀宇宙。了解宇宙的奥秘，建立了二元论的思想体系。

康德在童年时就极为聪明，可身体一直都很弱。他的父亲叫乔治，是一位皮匠；母亲是纽伦堡一位皮匠的女儿。父亲和母亲都是很虔诚的基督教徒。康德也从小受到严格的宗教教育，特别是他的母亲在这方面对他要求异常严格。母亲信仰中的道德成分很突出，这使康德养成了严于律己的习惯和特别忠诚、认真的性格。

康德的父母一共生育了9个孩子，康德是第四个。康德还很小的时候，父母就失去了两个孩子。这使父母亲对康德能不能活下来非常担心。他身体十分瘦弱，人们都预言他难以存活。一些人甚至嘲笑他说：

“这样花费精力养活这样的孩子呢？即便长大了，他也是个废物。”

父母亲不这样认为，他们觉得自己应该对所有的孩子一视同仁，细心照顾。本教区牧师舒尔茨也怀着一颗博爱之心，对康德格外关心，总觉得他身上有些异乎寻常的地方。

康德 8 岁的时候，舒尔茨调任本地腓特烈公立高等学校校长。他来到康德家，建议把小康德送到这所学校受教育。校长说：“这孩子身体虽弱，但特别聪明。照这情形，他做体力活儿或学一般的手艺是不适合的。不管怎么样，请给孩子一个平等的机会。不如把他送到我的学校来，我会注意照顾他，将来他也许能成为一名很好的牧师。”

牧师的话一下子打动了康德父母的心。

“要是他将来能当牧师该多好啊！这孩子真像牧师先生说的，他还能干什么呢？当牧师没准儿还真行。有舒尔茨先生教导，一定是个好牧师。”母亲说，“咱们就是再苦也得供这孩子念书。他将来有出息，咱脸上也有光。”

就这样，小康德 8 岁就进入了腓特烈公立高等学校。父母从此一心要培养他做个牧师，舒尔茨也开始在他身上下气力，希望他将来真的有出息。

小康德每天早上 6 点钟以前就得到校，7 点钟开始正式上课。主要课程是拉丁文和神学。神学主要是背诵教义问答。祈祷占去每天很多时间，早祷告要半个小时，每节课和每项别的活动也都得从祈祷开始。高一些年级后，神学课增加了希腊文和希伯来文等内容。副课都安排在每星期四上，包括数学、音乐和法语等。没有自然科学和历史课。在所有的课程当中，康德最喜欢拉丁文。拉丁文教师海登莱赫不但具有特别好的口才，而且常常引导孩子们留意理解文章的内容。结果导致康德暗暗下决心违背父母的心愿，希望长大后不做牧师而做个古文学学者。

康德上学不易，不单家里经济条件不好，而且自己和母亲的身体都很糟。可是，康德既聪明又勤奋，他的学习成绩总是全校第一。眼看要上高年级了，母亲却经受不起生活的煎熬，撒手人寰。康德真怕自己要辍学了。幸亏母亲临终也没忘了嘱咐父亲，无论如何都得把康德培养成为一名牧师。校长舒尔茨在赶来参加葬礼的时候，也叮嘱父亲别忘了母亲的临终嘱托。

母亲死后，父亲情绪很糟，生活无规律，以致他的生意和家里的经济状况都越来越差。不过他始终都没有忘记妻子的临终嘱托，坚持没让康德辍学。

1740 年，康德以优异的成绩从中学毕业，并考入了哥尼斯堡大学。上大学的前一天，康德专程到他的恩人舒尔茨家辞行。

他在大学是个极穷但却极富才华的学生。他不得不常常接受别人的施舍和接济。这使他越来越不苟言笑，越来越喜欢独处。他经常单独一人坐在树阴下沉思。许多别人熟视无睹的问题，他都要想个明白。渐渐地，他养成了一层一层逐步推演事理的习惯。

哥尼斯堡大学当时只有四个系：神学、法律、医学和哲学。神学是他不得不学的，但医学和哲学才是他真正感兴趣的。哲学虽然是那所大学最不重视的，但哲学系却有一位非常了不起的教授——克努岑。从克努岑嘴里，康德第一次听到牛顿的名字。在克努岑教授的指导下，从大学四年级起康德就开始独立撰写物理学论文。

1746 年，康德写出了他的第一部物理学著作，在世界上造成了极大的影响。从此这位在幼年时期被人嘲笑为废物的哲学家一发不可收拾，迅速创建了二元论思想体系。

【解读】

无论是在家中和兄弟姐妹相处，还是在学校里和同学相处，都免不了互助与竞争。互助和竞争并不是没有原则的。在此过程中，最基本的原则是自愿、平等。人人都以平等之心参与社会交往，势必会形成一个平等自由的社会环境。

维多利亚女王和丈夫

【名言】

平等既是一件最自然不过的事，同时也是最荒诞不经的事。

——【法国】伏尔泰

【故事】

维多利亚女王（1819～1901），英国历史上在位时间最长的君主，在位时间长达64年，同时也是第一个以“大不列颠及北爱尔兰联合王国女王和印度女皇”名号称呼的英国君主。她在位的60余年正值英国自由资本主义由方兴未艾到鼎盛、进而过渡到垄断资本主义的转变时期，经济、文化空前繁荣，君主立宪制得到充分发展，使维多利亚女王成了英国和平与繁荣的象征。

女王不但在政治上成就卓著，同时还拥有一份美好的爱情。这在各国君主中是很罕见的事情。维多利亚女王是怎么做到这一点的呢？因为她懂得爱要彼此尊重，夫妻之间，或爱人之间一旦在人格上瞧不起对方，爱情就会消失。

1848年，维多利亚女王和她的表哥阿尔伯特公爵结了婚。和女王同岁的阿尔伯特比较喜欢读书，不大喜欢社交，对政治也不大关心。

有一次，女王敲门找阿尔伯特。

“谁？”里面问道。

“英国女王。”女王回答道。

“谁？”里面又问。

“维多利亚。”女王回答说。

“谁？”里面又问，门没有开。

敲了好几次以后，女王突然感觉到了什么，又敲了几下，用温柔的语气说：“我是你的妻子，阿尔伯特。”

这时，门开了。

爱是什么？恐怕这问题是个难题，人人都有自己的答案。但爱应该包含相互尊重是毫无疑问的，不平等的两个人是不会产生爱情的。这“平等”要求的不是社会地位平等或别的什么身份，而是人格与感情的平等。

传说，爱情使者丘比特问爱神阿弗洛狄忒：“LOVE的意义在哪里？”

阿弗洛狄忒说：“L”代表Listen（倾听），爱就是要无条件无偏见地倾听对方的需求，并且予以协助。

“O”代表Obligate（感恩），爱需要不断地感恩，付出更多的爱，灌溉爱的禾苗。

“V”代表 Valued（尊重），爱就是展现你的尊重，表达你的体贴，真诚地鼓励，发自内心地赞美。

“E”代表 Excuse（宽恕），爱就是仁慈地对待，宽恕对方的缺点和错误，接受对方的全部。

也许爱神阿弗洛狄忒的解答是贴近真实的，爱不是用语言所能完全表述的，爱更多的是内心体验，一旦说出来就完全变了味儿。

【解读】

在真爱中的两个人，无论双方的学识、地位、财富有多么大的差距，也不能用“高人一等”的语言来刺伤对方。在爱与被爱之间，在上帝面前，我们任何人都是平等的。若在爱情里面掺杂了和它本身不相关涉的顾虑，那就不是真的爱情。如果一个人想用这种方式来展示他的权威，那么他显然是错误的，因为他将失去幸福的机会。

不摆大作家架子的托尔斯泰

【名言】

人不仅有自然的平等，也有精神上的平等。

——【法国】卢梭

【故事】

列夫·尼古拉耶维奇·托尔斯泰（1828～1910），俄国作家、思想家，19 世纪末 20 世纪初最伟大的文学家，19 世纪中期俄国伟大的批判现实主义作家，世界文学史上最杰出的作家之一，他被称颂为具有“最清醒的现实主义”的“天才艺术家”。

托尔斯泰虽然很有名，又出身贵族，却喜欢和平民百姓在一起，平等地对待他们，与他们交朋友，从不摆大作家的架子。

有一次，托尔斯泰作长途旅行时，路过一个小火车站。他想到车站上走走，便来到月台上。这时，一列客车正要开动，汽笛已经拉响了。

托尔斯泰正在月台上慢慢走着，忽然，一位女士从列车车窗里冲他直喊："老头儿！老头儿！快替我到候车室把我的手提包取来，我忘记提过来了。"

原来，这位女士见托尔斯泰衣着简朴，还沾了不少尘土，把他当作车站的搬运工了。

托尔斯泰赶忙跑进候车室拿来提包，递给了这位女士。

女士随手递给托尔斯泰一枚硬币，感激地说："谢谢啦！这是赏给你的。"

托尔斯泰接过硬币，瞧了瞧，装进了口袋。

正巧，这位女士身边有个旅客认出了这个风尘仆仆的"搬运工"就是托尔斯泰，就大声对女士叫道："太太，您知道您赏钱给谁了吗？他就是列夫·托尔斯泰呀！"

"啊！老天爷呀！"女士惊呼起来，"我这是在干什么事呀！"

她对托尔斯泰急切地解释说："托尔斯泰先生！托尔斯泰先生！看在上帝面儿上，请别计较！请把硬币还给我吧，我怎么会给您小费，多不好意思！我这是干出什么事来啦。"

"太太，您干吗这么激动？"托尔斯泰平静地说，"您又没做什么坏事！这个硬币是我挣来的，我得收下。"

汽笛再次长鸣，列车缓缓开动，带走了那位惶惑不安的女士。托尔斯泰微笑着，目送列车远去，又继续他的旅行了。

【解读】

在与别人交往的时候，难免会出现一些误解。在这个时候，能做到"人不知而不愠"，极力保留对方的面子，无疑是一个品德高尚的人。或许有人会说，这多么不容易啊！其实，这很容易，只要心中装着平等观念就可以了。

梵高赢得矿工信任的奥秘

【名言】

在自然状态中，不平等几乎是不存在的。

——【法国】卢梭

【故事】

文森特·威廉·梵高（公元1853~1890年），19世纪最伟大的艺术家之一。他出生在荷兰，主要生活在法国。梵高热爱生活，但生活却一再嘲弄了他，致使他尝尽了人间的辛酸。后来，他在弟弟的帮助下，开始学习绘画。他性格敏感，聪明过人，在几乎没有受过正规绘画训练的情况下，自学成才，成为了后印象派的巨匠。

他广泛学习了伦勃朗等人的作品，吸收了印象派画家，特别是高更在色彩方面的经验，融合了日本版画的技巧，形成了自己独特的艺术风格。他的作品洋溢着生活激情，富于人道主义精神，曲折地表现了他心中那苦闷、哀伤、同情与希望相互交织的复杂情感。

这样一位不幸的人，心中却装着比他更加不幸的人，因为他渴望平等，期待幸福。在做专职画家之前，梵高在博里纳日做了一段时间的牧师。

博里纳日是个产煤的矿区。在这个地区，几乎所有的男人都下矿井。他们在不断发生事故的危险中干活儿，但工资却低得难以糊口。他们住的是破烂的棚屋，他们的妻子儿女几乎一年到头都在里面忍受着寒冷、热病和饥饿的煎熬。这里的人都是“煤黑子”，肥皂在博里纳日人的心目中简直是一种不可企及的奢侈品。

梵高被临时任命为该地的福音传教士时，他找了峡谷的最下头的一所挺大的房子，并和村民一起拿麻袋去装了很多煤渣，在房子里烧起了炉子，以免房子里太寒冷。

第二天，他就迫不及待地登上讲坛，去向矿工们宣传福音了。令他纳闷的是，他还没讲几句话，好不容易聚拢起来的矿工就散去了。梵高尴尬极了，但又无可奈何。他开始反思自己："我讲道是那样诚挚而又充满信心，他们为什么不爱听呢？不行，我要找一找原因。"

第二天上午，梵高在矿区转了一圈后，再次把矿工们聚拢起来，宣传福音。这一次，他讲的还是昨天的内容，但他分明看到，博里纳日人脸上的忧郁神情渐渐消退了。从他此次布道所受的欢迎来看，博里纳日的人民对他的态度已经没有任何保留了，他们相信了他。

作为上帝的牧师，梵高已经得到了这些满脸煤黑的人们的充分认可。是什么原因引起这样的变化呢？不会是由于他有了一座新教堂，因为这对于矿工们来讲压根儿不算什么。他们不会知道关于对他的传教士职务的任命，因为他并没有告诉他们在原先那个地方他是没有正式任命的。而且虽然他刚才讲道时热情洋溢，措辞优美，但在原来那间简陋的小棚屋里和那座弃置不用的马厩里，他也是这样讲的啊！

梵高百思不得其解，最后他回到自己的住处，准备用从布鲁塞尔带来的肥皂洗脸时，脑海中突然闪过一个念头。他跑到镜子前面端详着自己，看见前额的皱纹里、眼皮上、面颊两边和圆圆的大下巴上，都沾着万千石山上的黑煤灰。

"当然！"他大声说，"这就是他们对我认可的原因所在，我终于成了他们的自己人了！"

梵高把手在水里涮了涮，脸连碰都没碰就去睡了。留在博里纳日的日子里，他每天都往脸上涂煤灰，从而使自己看上去和其他人没有两样。这就是赢得人心的奥秘！

【解读】

平等既是精神上的，也是身体上的。在与人交往的过程中，最容易让人找到平等这种感觉的办法就是把自己弄成和对方一样的人。彼此的相同点越多，相处起来就会越容易、越轻松。比如，一个穿着粗布衣服、戴着草帽的官员到田间地头向农民了解情况，更容易受到拥戴！

我们要平等地对待每一个孩子

【名言】

我认为觉悟到生活的意义而活在世上才是真正的现实主义的生活方式。

——【日本】汤川秀树

【故事】

汤川秀树（1907～1981），日本著名的物理学家，是日本第一位获得诺贝尔物理学奖的理论物理学家。1949年，他获奖时，年仅42岁。

汤川秀树兄弟五人，都是颇有建树的学者，这很大程度上都归功于他们的家庭教育。在明治之前，外祖父驹橘是守备和歌山城的武士，他对汉学很精通；明治以后又从事西学的研究，一直到晚年都在孜孜不倦地汲取着各种知识。

汤川家的孩子们从五六岁起就随同祖父读汉书。《论语》、《孟子》、《大学》、《中庸》等“四书五经”更是他们必读的课目，这对儿童来说是一件苦差事，但当他们精通汉字后，读起这些书来就不怎么费力气了。

汤川秀树的父亲琢治，在日本是一位地质地理学方面的专家，他曾多次到过中国，兴趣广泛，也喜好中国的琴棋书画。

琢治的特点是，他一旦对什么感兴趣，就要搜集其所有的文献，进行研究学习。他迷上了围棋，就买了好多围棋方面的书；他喜欢上了绘画，就要搜尽所有绘画方面的书……

所以，汤川家中简直就是一所大大的书库，这样的环境对他们兄弟的影响颇深。

汤川秀树在其自传中，就是这样写道：“家里的书抓住了我，同时也给了我想象的翅膀。”

年少的汤川秀树每天要读很多的书。但是琢治从来不强迫孩子读书，他认为强迫学习就违背了学习的初衷。他尊重孩子们的独立人格，希望孩子们将来可以在自己感兴趣的领域里有所成就。

汤川秀树的母亲毕业于东洋英和女校，英文学得很好。在东京时，她为了能使全家人吃上可口的饭菜，每周周末都要参加烹调学习班。到了京都后，随着孩子的增多，她也和京都的主妇们一样，忙前忙后很少抛头露面，但她仍长期阅读一些代表先进思想的杂志。

专心于家务的母亲生前在遗言中写道：愿意提供自己的大脑做科学解剖。汤川秀树在自传中写道：“母亲是女性中少有的思考力丰富的人。”

汤川秀树的母亲是一位温和的女性，她的教育原则是对每个孩子都要公平，并希望每个孩子都像父亲那样成为一名有学问的人。

父亲对性格内向的汤川秀树是否上大学表示怀疑，很少反驳丈夫的母亲开口说道：“这样做对汤川秀树不公平。我们要平等地对待每个孩子。”

母亲平时说话不多，她不爱对孩子们进行说教，但是从来不拒绝孩子们提问题，只要孩子一问：“这是什么？为什么会是这样？”她一定会停下手里正在干的活，耐心地回答孩子们提出的问题。

读小学时，幽默的数学老师竹中马吉激发起汤川秀树对数学的兴趣；读高中时，物理老师森总之助，更使汤川秀树成为酷爱读书的“书虫”。他几乎每隔几天就要去京都的书店购书，他买得最多的也是数学和物理方面的书。

父亲琢治还是犹豫着是否送汤川秀树到大学读书，这时东京大学的校长森外三郎对琢治作了保证：“汤川秀树的思维是属于飞跃发展的类型，他构思敏锐，在数学上很有天赋，这一点，我可以向您保证。”

不可否认，汤川秀树能取得如此高的成就，家庭的影响力是巨大的，尤其是父母亲平等观念的影响。

【解读】

每个青少年都有自己独特的性格特质，但他们都是父母和社会的未来。只要父母和社会能给他们创造自由平等的氛围，他们就能在这种氛围中学会与人交往，学会在平等的基础上进行竞争。

航空英雄的弱点和忏悔的眼泪

【名言】

在民主国家里，一切名望也都是由平等的原则产生的，虽然有时候显赫的功绩或优越的才能看起来似乎泯灭了平等的原则似的。

——【法国】孟德斯鸠

【故事】

尤里·阿列克谢耶维奇·加加林（1934～1968），世界第一名航天员，苏联英雄，苏联太空人，苏联红军上校飞行员，第一个进入太空的地球人。

加加林出身寒微，他的父母均是苏联斯摩棱斯克州格扎茨克区的克卢希诺镇一个集体农庄庄员。但加加林从来没有因为出身寒微而自卑过。他觉得在社会主义国家里，人人平等，每个人都应该尽力为祖国做贡献。

1949 年，15 岁的加加林停止了中学的学业，进入工厂工作，以便尽早地从经济上帮助他的父母。翻砂车间的工作是繁重的。它不仅需要知识和经验，而且需要体力。这对于年仅 15 岁的人来说绝不是一种轻松的事。然而年轻的加加林依然每天坚持去工人夜校学习。

1951 年，加加林以优异成绩毕业于柳别尔齐职业中学，成为受训冶金工人，并继续在萨拉托夫工业技术学校学习。加加林的飞行员生涯就是从萨拉托夫开始的，他加入了萨拉托夫航空俱乐部，业余时间学习飞行。

1955 年，加加林以优异成绩从工业技术学校毕业后进了航空学校，开始在奥伦堡航空军事学校学习飞行。1957 年，他参加苏联军队，成为北海舰队航空军团的一名歼击机飞行员。

1959 年 10 月，前苏联首位宇航员的选拔工作在全国展开。加加林从 3400 多名 35 岁以下的空军飞行员中脱颖而出，成为 20 名入选者中的一员，并于1960年3月被送往莫斯科，开始在前苏联宇航员训练中心接受培训。

加加林在20多名候选宇航员中脱颖而出，原因是多方面的，但无疑一个细节帮了他不小的忙。原来，在确定人选前一个星期，主设计师科罗廖夫发现，在进入飞船前，只有加加林一人脱下鞋子，只穿袜子进入座舱。这一举动使加加林一下子赢得了科罗廖夫的好感。科罗廖夫说，他感到这位青年如此懂得规矩，又如此珍爱他为之倾注心血的飞船，于是他更偏爱于加加林。

就这样，加加林凭借其坚定的信念、优秀的体质、乐观主义精神和过人的机智成为了苏联第一名宇航员。1961年4月12日莫斯科时间上午9时零7分，加加林乘坐东方1号宇宙飞船从拜克努尔发射场起航，在最大高度为301公里的轨道上绕地球一周，历时1小时48分钟，于上午10时55分安全返回，降落在萨拉托夫州斯梅洛夫卡村地区，完成了世界上首次载人宇宙飞行，实现了人类进入太空的愿望。

几分钟后，消息在全球炸开。世界各大电台、报纸竞相报道这位一夜升空的超级明星。接着，他与火箭之父科罗廖夫并肩坐在了一起，与苏共中央总书记赫鲁晓夫握手、交谈，与政要、名人拥抱举杯，大小勋章挂满胸前，军衔从上尉升至少校。

接着，加加林又成了茹科夫斯基航空军事学院学子，然后又进了高等军事学院研究生院学习，连他的微笑也有了传奇色彩，向后梳的头发也成了迷人的时尚。他走到哪里，都有人硬要与他交朋友；无论到哪里，都有盛宴款待。以前，人们认为赫鲁晓夫简直是神，到这时候，人们发现是神的还有他，尤里·加加林！

于是，加加林有些飘飘然了。他常常无视法规，驾着国家赠送给他的伏尔加小轿车在街道上飞奔，甚至因为喜欢上了一位护士，而不顾影响地从大楼窗口飞身跳下。

有一天，加加林又闯红灯了，这一回他的伏尔加撞翻了另一辆汽车，两辆车毁得不成样子，幸好他和另一位司机都只受了点轻伤。赶到出事地点的警察自然一眼就认出了加加林，连忙举手行礼，冲着他笑，并当即保证“追究肇事者的责任”。

在一旁，那位受害的退休长者虽然受了伤，但见面前立着的是加加林，也赔起了笑脸。随后，警察拦下一辆过路汽车，嘱咐司机将加加林安全送到目的地，下一步，准备将全部责任记在老人身上。

加加林坐上了车子，但老人的苦笑和伤势在他的脑海中已驱赶不去，让他无法不想的是：原来，英雄也有致命的缺陷，也会让执法者颠倒黑白，深爱也可能让一位退休长者违心顶罪。

这一刻，加加林的淳朴本性复苏了，他流着泪，让司机迅速开回出事地点，在警察和老人面前诚恳地认错，帮助老人修好了汽车，并承担了全部费用。从此之后，加加林再也不那么飞扬跋扈了。他说，自己虽然是英雄，但同时也是一个普通的苏联人，应该和每个人平等相处。

【解读】

平等是不分种族、阶层和身份的。一个人行为高尚，为社会作了贡献，但也要与人平等相处。只有这样的英雄才能赢得别人的尊重。否则的话，一个英雄不珍惜自己的荣誉和名誉，处处搞特殊，自然会遭到别人的鄙视和唾弃。

一个普通父亲都有的父爱

【名言】

让我们的心为自由、平等跳动，让我们的眼睛期待自由、平等。

——【以色列】拉宾

【故事】

以色列和平的殉难者，被刺杀而亡的总理伊扎克·拉宾（1922～1995），给人民留下了粗暴、不易使人接触的印象。即使是他的崇拜者，也不得不承认拉宾从未流露出属于他个人的温存，并且缺乏有效地与人低声谈话的智慧与能力。

然而当他面对自己的孩子以及子孙后代的时候，却表现出与平时截然不同的一面，简直是判若两人。

作为以色列的总理，拉宾总是沉浸于自己的工作之中，孜孜不倦，从未停息，直至他不幸逝世。但他的孙子约拿旦在他不幸遇刺之后，面对一个电视台记者的采访时说：对于我们而言，他是个好祖父。每一个人都会说，他怎么能够有时间和你们一起生活呢？使人不可相信的是，他这样一个人从未错过我及我姐姐诺阿斯的任何一个庆祝晚会，每一个学校庆典，每一次军队大阅兵，他都是准时到场。

拉宾的女儿达利亚曾经回忆说，在她年幼的时候，她的父亲一直做始终如一的事情。他从未参加过一次学校的家长会，他不是那里的一部分。

达利亚告诉记者："但是每当我们需要他的时候，在我们生病的时候，他总是陪伴着我们，无论他在哪里，只要被叫，他就马上赶到。他总是花几分钟的时间来看望我。他是一位非常非常关切子女的慈祥仁爱的父亲。"

他的遗孀利亚·拉宾，在缅怀他时说道："他从未对孩子们大声怒吼过，也从未动手打过任何一个孩子。他总是将自己对孩子绵绵不绝的爱表达出来，从未给孩子们施加任何压力，因为他希望每个孩子将来都有一个光明的前途。他以自己的方式告诉孩子们，不管在任何情况、任何环境下，他总爱他们，即使孩子们并不全依靠他的希望生存。总之，在生活中他总能时时让孩子们感觉到浓浓的父爱，但却从不干涉他们的生活，更不允许孩子们拿他的特殊身份做依靠。他给予孩子的是一般普通父亲都有的父爱。"

【解读】

与人分享欢笑，你就拥有了两份欢笑；与人分享痛苦，你的痛苦就能减少一半。这是分享的妙处。不过，这种分享只能在平等的基础上才能实现。在现实生活中，人们愿意和朋友分享欢笑和痛苦，却不愿和自己的家人分享。从这一现象可以看出，人们虽然天天喊着父母和孩子平等，但心里却已划定了不平等的界限。模糊这种界限吧，因为没有孩子的参与，父母的世界不完整；没有父母的参与，孩子的世界也不完整。

想要获取平等就要付出更多努力

【名言】

人人生而平等。他们同样地有权在大地上生活自立，同样地有权享受自然所赋与的自由和他的一份世间福利，人人都应当从事有益的劳动，以便取得生活中必需和有益的物品。

——【法国】梅叶

【故事】

玛格丽特·希尔达·撒切尔（1925～2013），英国保守党第一位女领袖，也是英国历史上第一位女首相，被誉为是欧洲政坛上的“铁娘子”。她连任三届首相，任期达11年，是英国历史上任职时间最长的首相之一。

执政期间，撒切尔在处理国际、国内的重大问题上，深谋远虑、观点鲜明、立场坚定、做事果断，在很长的一段时间里影响了整个英国，乃至全世界。撒切尔夫人之所以能够取得如此多的政治业绩，又完全得益于其父的影响。毫不夸张地说，她在人生路上取得的成就，很大一部分都源自于父亲罗伯茨培养起来的平等观念、独立和自信的性格。

罗伯茨是一个鞋匠的儿子，经过自己多年的努力，终于在当地的一个小镇上开了一家小杂货店。罗伯茨虽然只是一个杂货店的老板，但是他酷爱看书，并热衷于参加各类政治选举活动。

玛格丽特很崇敬她的父亲，她经常钻进父亲的书房，看政治、历史、人物传记等方面的书籍，从小对政治就有非常多的了解。她们家的家教是非常严格的，父亲从小就教育她要吃苦耐劳，女孩子也一样。所以，刚7岁时，玛格利特就能在杂货店里站柜台了。

在父亲看来，他给孩子安排的都是孩子力所能及的事情，所以不允许孩子说“我干不了”或“太难了”之类的话，借此培养孩子的独立能力。在玛格丽特很小的时候，罗伯茨就谆谆告诫她千万不要盲目地迎合他人。

等到玛格丽特够了上学的年龄，父亲就把她送到学校，她惊讶地发现：自己的同学有着比她更多更自由的生活，除了劳动、学习和做礼拜之外的天地，竟然是如此广阔而精彩。

玛格丽特听同学们讲着那些激动人心的事：放学后在街上去游玩、做游戏、骑自行车。星期天，又可以去春意盎然的山坡上野餐。这一切对于她来说又都是那么诱人、那么令人愉快。

玛格丽特听得心里痒痒的，她幻想着，如果自己能有机会与同学们自由自在地去玩耍那该多好啊。终于有一天，她回家鼓起勇气跟父亲说："爸爸，我能出去玩一下吗?"

罗伯茨正在看书，过了一会儿，他说道："你要有自己的主见！不能因为你的朋友在做什么事情，你就也要跟着做。自己要把握住自己，不要随波逐流。记住，平等并不是别人做什么，你也要做什么……想要获得真正的平等，你就要付出更多的努力。"

见玛格丽特低头不说话，罗伯茨稍稍地缓和了语气："孩子，并不是爸爸限制你的自由。在很多事情上，你应该要有自己的判断力，有自己独特的思想。在学校的这段时间里正是你学习的大好时光，如果你和一般人一样，每天只知道玩乐，那样大好前程就荒废了。我相信你有自己的判断力，你自己做决定吧。"

听罢父亲的话，小玛格丽特似乎懂得了很多道理。父亲的一席话久久地回荡在她的脑海里。她想：是啊，为什么我要跟着别人学呢？我应该做一些更有意义的事，刚买回来的书我还没有看完呢！

罗伯茨就是这样经常教育女儿，要做一个有主见、有自己的理想，与众不同的人。随波逐流只能使个性的光辉湮没在芸芸众生之中。这样的家庭教育培养了玛格丽特高度的自信，独立不羁的个性使得她常常有一种心理优越感。

学校经常要请人来校演讲，等那些学者或政治家们演讲结束后，其他女孩子往往怯生生地不敢开口，而玛格丽特总是第一个站起来大胆地提问。不管她的问题是比较幼稚，还是比较尖锐，她总是充满好奇地脱口而出。

放学回家后，玛格丽特向父亲兴奋地说起这些事情时，父亲总是鼓励她："孩子，你表现得真好，我能为有你这样的女儿而感到骄傲。你一定会成为一个出色的辩论家的。"

父亲的不断鼓励使玛格丽特特别热衷于辩论赛。上中学的时候，玛格丽特是学校辩论俱乐部的成员，并且每次的演讲都很成功。

开始的时候，玛格丽特的演讲技巧一点儿也不高超，用她自己的话来说，是根本不能起到振奋人心的作用，这样的演讲肯定不受同学们的欢迎。玛格丽特却毫不气馁，只要有上台演讲的机会，她就绝不会错过。

有一次，因为她演讲了很长时间，演讲的内容大家又很不感兴趣，台底下早已躁动不安，讽刺嘲笑声随之而起，但自信好强的玛格丽特却丝毫不把这些放在眼里，她依然滔滔不绝地演讲下去。甚至到后来，听她演讲的人都跑光了，她却仍然坚持把自己想讲的话讲完后才停止。

许多同学都对她这种极为突出的个性感到不理解，但她对别人的议论却毫不在意，一直维持着观点鲜明、独立自信的性格。直到后来，她登上英国政坛最有权力的位置。

如今，撒切尔已经成了世界各国女性的偶像。这位20世纪最杰出的女性之一证明了女人不但可以做到男人做的事，而且可以完成男人无法做到的事。所有人印象中的撒切尔都是一身职业套装，她女儿曾经回忆说，母亲根本没有休闲衣服，因为她从来没有"闲"过。

【解读】

如今虽然已经基本上实现了男女平等，但社会上，尤其是农村和偏远地区，依然存在重男轻女的现象。就是在城市中，一些重要的岗位上依然由男性把持着。虽然这其中不乏男女社会分工不同的原因，但也反映了一个现实：当今社会依然是男权社会。在这种情况下，女性想要获得平等，确实要比男性付出更多的努力，就如故事中的撒切尔一样。

做人的第一件事就是学会尊重

【名言】

在民主政治下，爱平等把人们的野心局限于一种愿望和一种快乐上。这种愿望和快乐就是使自己对国家的服务超过其他公民。

——【法国】孟德斯鸠

【故事】

如果一个人不懂得平等待人，就无法同他人沟通，无法与他人合作。因为平等待人是与他人沟通合作的基础。人人都有自尊心，只有平等待人、尊重别人的人才会赢得别人的尊重。

有一天，一位40多岁的中年女人领着一个小男孩，走进美国著名企业“巨象集团”总部大厦楼下的花园，并在一张长椅上坐下来。她不停地在跟男孩说着什么，似乎很生气的样子，不远处有一位头发花白的老人正在修剪灌木。

忽然，中年女人从随身挎包里揪出一团白花花的卫生纸，一甩手将它抛到老人刚剪过的灌木上。老人诧异地转过头朝中年女人看了一眼。中年女人也满不在乎地看着他。老人什么话也没有说，走过去拿起那团纸扔进一旁装垃圾的筐子里。

过了一会儿，中年女人又揪出一团卫生纸扔了过来。老人再次走过去把那团纸拾起来扔到筐子里，然后回原处继续工作。可是，老人刚拿起剪刀，第三团卫生纸又落在了他眼前的灌木上……就这样，老人一连捡了那中年女人扔的六七个纸团，但他始终没有因此露出不满和厌烦的神色。

“你看见了吧！”中年女人指了指修剪灌木的老人对男孩说，“我希望你明白，你如果现在不好好上学，将来就跟他一样没出息，只能做这些卑微低贱的工作！”

老人放下剪刀走过来，对中年女人说：“夫人，这里是集团的私家花园，按规定只有集团员工才能进来。”

“那当然，我是‘巨象集团’所属一家公司的部门经理，就在这座大厦里工作！”中年女人高傲地说着，同时掏出一张证件朝老人晃了晃。

“我能借你的手机用一下吗？”老人沉吟了一下说。

中年女人极不情愿地把手机递给老人，同时又不失时机地开导儿子：“你看这些穷人，这么大年纪了连手机也买不起。你今后一定要努力啊！”

老人打完电话后把手机还给了妇人。很快一名男子匆匆走过来，恭恭敬敬地站在老人面前。老人对那个男子说：“我现在提议免去这位女士在‘巨象集团’的职务！”

“是，我立刻按您的指示去办！”那个男子连声应道。

老人吩咐完后径直朝小男孩走去，他用手抚了抚男孩的头，意味深长地说：“我希望你明白，在这世界上最重要的是要学会尊重每一个人，平等对待每一个人……”

说完，老人撇下3人缓缓而去。

中年女人被眼前骤然发生的事情惊呆了，她认识那个男子，他是巨象集团主管任免各级员工的一个高级职员。

“你……你怎么会对这个老园工那么尊敬呢？”她大惑不解地问。

“你说什么？老园工？他是集团总裁詹姆斯先生！”

“啊，他是总裁！”中年女人一下子瘫坐在长椅上。

【解读】

做人的第一件事情就是学会尊重他人，每一个人，无论他的身份和工作多么卑微，我们都应该以平等的态度相待，发自内心的尊重。平等和尊重没有高低贵贱之分，以平等的态度尊重别人就是在尊重自己。尊重的关键就是把他人放在与我们自己平等的重要位置上，切实考虑对方的需求和感受，而不要自命不凡，盛气凌人。

博士和军人之间的“决斗”

【名言】

皇上就跟我一样，也是一个人罢了……把一切荣衔丢开了，还他一个赤裸裸的本相，那么他只是一个人罢了。

——【英国】莎士比亚

【故事】

迪克博士是一位诗人。有一天，他和几位贵妇人乘坐游艇，泛舟泰晤士河上。他吹着萨克斯，尽量逗那些贵妇人快活。这时，游艇后不太远的地方，有只被军官们占用的船向他们开来。

诗人看到那只乘载军官的船向游艇靠近时，就不吹萨克斯了。军官当中有人问他，为什么他要把萨克斯收进口袋里不吹了。

“我把萨克斯放进口袋里，正如我把它从口袋里拿出来一样，都是为了使自己高兴。”博士回答说。

那位军官怒气冲冲地威胁说，要是他不立刻把他的萨克斯再掏出来吹，那就不客气了，要把他扔进河里。

博士怕吓着那些贵妇人，便尽可能地逆来顺受，忍气吞声地拿出他的萨克斯来。只要对方的船还在河上，他就一个劲儿地吹。

傍晚时分了，博士看到那个曾经对他如此粗暴无礼的军官，独自一人正在伦敦附近一个偏僻的地方走着，便朝那军官走去，冷冰冰地说：“今天，我是为了使我的同伴和你的同伴避免陷入烦恼，才服从你那傲慢的命令的，现在为了使你真正相信，一个普普通通的人，也会像一个披着军服的人那样有勇气。明天一早，就在此地，希望你能来，我们就干一场吧，但是不要有别人在场。决斗只在我们之间进行。”

博士进一步决定，他们之间的矛盾，只能靠手中的剑来解决。那个军官同意了这些条件。

第二天早晨，这两个决斗者在约好的时间里，在指定的地方碰面了。军官正站在准备决斗的位置上。就在那个时候，博士举枪瞄准了他。

“干什么?”军官说，“你想暗杀我吗?”

“不是的!”博士说，“不过，你得在这儿跳一分钟的舞。否则，你就会是一个死人了。”

接着是一场小小的争执。可是博士似乎是如此的暴怒，如此的坚决，军官只好被迫屈服了。

当他跳完舞的时候，博士说：“昨天，你违反我的意愿，逼着我吹萨克斯；今天，我违反你的意愿，强迫你跳舞。现在，我们扯平了，咱们的事儿都以游乐的方式来了结了。”

【解读】

你以什么样的方式对待他人，别人就会以什么样的方式对待你。尊重与平等是双方的，是相互的。所谓“投之以桃，报之以李”，说的就是这个道理。在与人交往的过程中，青少年应当时刻牢记平等原则，尊重他人，以争取别人的尊重。

树立法制面前人人平等的价值观

法律是维护每一个社会成员生命财产安全的社会公器。也就是说，法律是天下人的法律，而不是针对哪一个人或哪一类人的。一旦法律公布生效了，无论是谁，不管身份、地位，都要予以遵守。否则的话，就要受到法律的严惩。这就是“法律面前人人平等”的原则。

数千年来，人们为坚持和实现这一原则，进行了大量的探索。“王子犯法与庶民同罪”便是这一理念在中国古代社会的具体体现。如今，这一原则已经被世界上绝大多数国家的法律，包括中国的宪法所确认。

孙武坚持军法面前人人平等

【名言】

奉公如法则上下平。

——【西汉】司马迁

【故事】

孙武（约公元前545年～?），字长卿，春秋末期齐国人，著名的军事家，人称孙子。在吴国为将时，孙武主张以法治军，曾率兵攻破楚国，使吴国强大起来。他所著《孙子兵法》一书，总结了古代的作战经验，是世界上最早的军事著作之一。

春秋末期，齐国贵族孙武流亡到了南方的吴国。吴王阖闾为了争夺霸主地位，迫切需要拜请一位能够领兵作战的将军。恰在这时，他得到了孙武写的《兵法》十三篇，读完之后十分着迷。于是，吴王派人把孙武请进王宫。

吴王阖闾见了孙武后，很客气地说："您的《兵法》我已经拜读过了，其中的见解很精辟，只是不知道您能不能实际演示演示呢?"

孙武非常爽快地回答说："当然可以！不论男的女的，经过我列阵演练，都可以成为勇武善战的好兵!"

"从未见过战阵的娇弱女子，您也能把她们训练成为好兵吗?"吴王似信非信地问。

"能!"孙武斩钉截铁地回答。

这一天，吴王把180名宫女交给孙武训练。他想考察一下孙武的实际指挥能力，就坐在演练场旁边的高台上观看。

孙武开始演练，先让每个宫女手持一支戟，把她们分成左右两队，分别指定吴王的两个宠姬担任队长。接着，孙武问她们："是否知道自己的心、背和左右手的位置?"

众宫女回答："知道!"

她们也好奇地想看看孙武究竟要怎么操练。

只听孙武严肃地说："现在，由我擂鼓发令。令向前，就朝着心所对的方向进击；令向左，就沿着左手的方向进击；令向右，就沿着右手的方向进击；令向后，就朝着背的方向后退。你们能做到吗？"

众宫女说："能！"

孙武又强调说："如果有人不听从军令，就依法斩首！"

众宫女平时只会唱歌跳舞，哪里晓得军法的厉害。尤其是那两个队长，她们是吴王的妃子，仗着吴王的宠爱，根本没有把孙武放在眼里。因此，当孙武发出军令后，鼓声咚咚，令旗挥舞，众宫女不但没有依令进退，反而嘻嘻哈哈闹个不停，把队形都搞乱了。

见此情景，孙武没有动怒。他说："大家第一次参加操练，有不明白的地方，是我没有讲清楚。"

他把军令和操练要求又反复地向宫女们作了讲解，再次强调："如果有人不听军令，是一定要斩首的！"

孙武把宫女们的队形整理好以后，再次下令击鼓向左进击。宫女们还是嘻嘻哈哈，两个队长依然笑得前仰后合。队形又被搞乱了。

这时，孙武威严地宣布："我已经讲明军令和操练要求，可是队长却带头不听军令，依法应当斩首！"

孙武下令把担任队长的两个妃子绑了起来。

坐在高台上观看演练的吴王阖闾闻听此言，大吃一惊，赶忙派人传旨要求赦免两个妃子。

孙武断然回答："军法面前人人平等，不能因为她们是大王的妃子就法外开恩。现在我是主将，将在外，君命有所不受。"

在孙武的坚持下，两个妃子被斩首示众了。

众宫女见孙武说话算数、执法如山，操练时再也不敢怠慢。一会儿鼓声又起，令旗挥舞。众宫女奇迹般地排列成了一支步调整齐的队伍：前后左右，卧倒起立，就是在泥泞的草地上，也是按照军令进退起止，完全符合要求，一点差错也没有，嘻嘻哈哈的吵闹声更是听不到了。

通过这次演练，孙武显示了他的治军才能。吴王阖闾尽管心疼他的两个宠姬，但更庆幸发现了一位很有气魄和胆识的将才。于是，他正式任命孙武为大将军。

孙武说话算数，执法如山，坚持在军法面前人人平等，这是他重要的治军之道。

【解读】

俗话说得好，军中无戏言！在战争时代，主将的命令就是军法。无论是谁，一旦命令下达都要绝对服从，即便是主将自己也不例外。只有这样，一支部队才能形成强大的凝聚力和战斗力。孙武之所以能够成为一代名将，除了卓越的军事才华之外，还有一个重要的原因。那就是，他始终坚持在军法面前人人平等的原则。

子文执法公正，不护族亲

【名言】

赏而不诚不劝也，刑而不诚不戒也。

——【唐朝】崔敦礼

【故事】

子文（生卒年不详）是春秋时楚国的令尹，他办事公道，执法严明，正直无私，在民间享有很高的声誉。

有一次，掌管刑狱的廷理逮捕了一名犯人。审讯中，犯人如实地招了供。最后，他又战战兢兢地乞求说："小人做下此孽，实属罪有应得，无论如何处治，我都绝无怨言；只是恳请大人，千万不要将我的事告于令尹知道。"

廷理听了，感到很奇怪，大声喝道："大胆！你小小一个囚犯，也敢提及令尹大人？"

犯人说："大人容禀，因为令尹大人和小人是族亲，他平时素来对我们就管得很严，这会儿要是听小人犯罪，岂不是要动怒么？倘若气坏了身子，小人我怎么担待得起，所以……"

"此话当真？"廷理对那犯人的话有些将信将疑。

"没有半句假话。"那犯人说。

听到这儿，廷理心想：此人既是令尹大人的族亲，我如何惹他得起，倒不如送个人情了事。想到这里，便对那人说："这次看在令尹大人的面子上，且饶了你，以后你倘若再敢造次，那可就难办啦！"

说着，廷理便打开刑具，把他放了。

那人连忙叩头谢恩，随后，连滚带爬地出了府衙。

不久，子文知道了这件事，立即派人把廷理召来。廷理满以为子文会好好地谢他，便喜孜孜的来了。

子文见廷理来了，瞥了他一眼，问道："听说我的一个族人的案子是你审理的？"

廷理连忙答道："是的，大人。不过，我已将他放了。"

"你不是将他逮捕了吗，怎么又放了呢？"子文故作不解地问。

廷理表现出一副十分内疚的样子，毕躬毕敬地回答说："原先下官不知道他和您的关系，所以多有冒犯，请大人海涵。"

子文听到这儿，十分生气地责备道："你真糊涂啊！国家设置廷理这个职位，就是为着处治违法犯罪的人。一个正直的廷理就应当秉公办案，执法如山；可你却违背法律，屈服于权势，无端地宽容了犯罪之徒，这是天理难容的事啊！"

过了半晌，子文又接着说："那个人明明犯了法，就因为我的关系，就放了他，这不等于是在告诉天下的老百姓，我子文是一个徇私枉法的人吗？"

子文义正辞严的一番话，说得廷理哑口无言。随后，子文又立即派人把那个犯法的族人抓了来，亲自交给了廷理，廷理依法处治了他。

这件事，很快在楚国的老百姓中传开了，大家都夸赞子文办事公正无私。

【解读】

天下是天下人的天下，法律也是天下人的法律。法律一旦生效，它的严肃性与平等性也就确立了。无论是谁都不能凌驾于法律之上，为所欲为；一旦触犯法律，就要接受法律的制裁。只有这样，才能维护法律的尊严，才能保障社会的安宁！

石碏大义灭亲，依法杀亲子

【名言】

理国无难似理兵，兵家法令贵遵行。

——【唐朝】周昙

【故事】

石碏（生卒年不详）是春秋时期卫国的一位大臣。他忠厚正直、奉公守法，颇受国君的器重和百姓的爱戴。可是他的儿子石厚却是个诡计多端、阴险狡诈的人。石厚和卫庄公的小儿子州吁十分要好。人们都说，石厚就是州吁的狗头军师。

卫庄公死后，他的大儿子继位，称为桓公。这时，石厚替州吁出谋献计，把桓公杀了，由州吁当了国君。而石厚也因此得宠，被封为上大夫，位居百官之首。

石碏看到自已的儿子帮助州吁做下大逆不道的事，肺都气炸了。为了和儿子划清界限，他就以年老多病为理由，辞官不做了。

州吁杀兄篡位，遭到卫国满朝文武大臣的反对。为了摆脱孤立局面，他赶紧让石厚带上一份厚礼，请德高望重的石碏出来辅佐朝政。

石碏对州吁、石厚的违法行径本来早已恨得咬牙切齿，但这次却满口答应愿意站出来替州吁收揽人心。而且他还建议说：“按照惯例，诸侯国的新君即位一定要去朝拜周天子。只要能得到周天子的批准，新君的地位就名正言顺了。”

“你是说，州吁应该去朝见周天子吗？”石厚问。

“是的。不过在去朝拜之前，你还应该陪着州吁去见见陈桓公。这人很受周天子信任。如果他在周天子面前说几句好话，我看批准州吁做卫国国君的事准能办成。”石碏回答。

石厚把石碏的建议向州吁做了汇报，州吁觉得这个建议很有道理。于是两人备上厚礼，一起去陈国拜访。

但是，州吁和石厚刚到陈国，就被陈国的武士抓了起来。这是怎么回事呢？原来，在州吁和石厚到陈国之前，陈桓公就收到老朋友石碏的血书。血书中历数了州吁和石厚倒行逆施的种种罪行，请陈桓公一定要替卫国除害。陈桓公同石碏的交情很深，因此帮助卫国抓住了这两个坏人。

州吁、石厚被抓的消息传到卫国。石碏立即召集朝中大臣商议对两个逆贼的处理办法。在商议过程中，大家一致认为，州吁杀兄篡位，罪大恶极，应该依法处以死刑；可是对于石厚，许多人都说："石厚只是个帮凶，还是从轻发落为好。"

石碏听后，斩钉截铁地说："杀州吁，就不可不杀石厚。他们两人都必须依法处死。你们不要看在我的面子上就宽恕石厚，我是绝不会为了袒护一个犯了罪的儿子，就去破坏国家法律的。"

石碏的这一番话使朝中大臣深受感动。最后，大家终于同意了石碏的意见，派人到陈国将州吁和石厚都处以死刑。

【解读】

法律之所以能够成为天下人共同的行为准则，最大的原因就在于它具有普遍适应性和平等性。作为执法者，在执行法律的时候一定要有"在法律面前人人平等"的观念，不畏惧权贵，不袒护族亲。

叔向公正执法，断案不隐亲

【名言】

执法而不求情，尽心而不求名。

——【宋朝】苏洵

【故事】

春秋时期，在各国诸侯以及公室与私门的纷争中，有一位饱学多智、与世无争的淡泊者。他认为，"优哉游哉，聊以卒岁，智也。"但他的淡泊却又不是毫无原则地随波逐流，为了法律的尊严，他不徇己私、不庇己亲，正确处理情与法的关系，可称为执法者的楷模。他就是羊舌叔向。

叔向（生卒年不详），春秋时晋国大夫，羊舌氏，字叔向，又字叔誉。晋平公元年（公元前557），开始担任太傅之职。

晋昭公四年（公元前528），晋国大夫楚人申公巫臣之子邢侯与雍子因畜（今河南温县附近）田界发生纠纷。原来，20年前，晋平公在位时，楚人雍子受到父兄的谮毁，逃奔晋国避难。晋平公十分器重他，特将邢侯采邑中的畜地中的一部分赐给他。因此形成雍子与邢侯的田界相互毗邻，并且犬牙交错的复杂情况。天长日久，田界渐渐模糊不清，两家为争田界屡起纠纷，打了好几次官司。但历时甚久，也没有调解成功。

就在这时，负责这个案子的士景伯出使楚国，秉持国政的韩宣子便命叔向的弟弟叔鱼暂时代替士景伯之任，了断这桩迁延日久的旧案。

叔鱼聪明机警，熟悉法律条文，断案是把好手。遗憾的是，此人贪财好色，为达目的不择手段，不计后果。接手此案后，他详勘地界，很快就得出了正确的结论——“罪在雍子”。

心虚的雍子听到这一风声后，赶紧投其所好，将自己的一个女儿嫁给叔鱼为妾，以求为己掩饰。好色的叔鱼娶了雍子的女儿，立刻转而判处邢侯有罪。

邢侯听到此颠倒黑白的判决，不禁勃然大怒，直接冲上朝堂与之理论。争吵中，怒不可遏的邢侯竟将雍子、叔鱼当堂杀死了。

韩宣子觉得此案很棘手，就将叔向找来，向他求教应怎样处理这件案子。叔向面对胞弟的尸体，不但没有设法为胞弟开脱罪责，反而干净利落地回答道：“这三个人所犯的罪过程度是相同的，按律应当将活着的处死，将已死的陈尸示众。”

接着，他又向韩宣子具体分析了每个人的罪行：“雍子明知有罪，却以女嫁于叔鱼，这是用行贿方式来购买胜诉；叔鱼身为司法官员，不仅受贿，而且不以情理判曲直，实已触犯卖狱大忌；邢侯未经批准而专擅杀人，这三个人所犯的罪过性质的严重、恶劣程度是一样的。”

由此，叔向得出结论：“自己有罪而去掠取美名，这就叫昏，贪污受贿以致于败坏职守，这叫做墨，肆无忌惮地擅自杀人，就叫做贼。

《夏书》上记载，犯了昏、墨、贼三种罪行都必须处以死刑，这是皋陶制定的刑法，请你据此去判处他们吧！”

韩宣子听了如此责有所归、罪有所得、有理有据的回答，心膺折服。于是宣布三人罪状，将邢侯处死，而将雍子、叔鱼二人的尸体在街市示众，以儆效尤。

孔子听说此事后，对叔向所为大加赞赏，他认为制邢亦治国之人事，叔向审治邢侯之狱，指斥叔鱼之贪，以正邢书，而于其亲不包庇隐蔽，赞誉叔向刚直不阿，有古人遗风！

【解读】

执法无私，不为亲隐，正确处理情与法的关系，维护法律的尊严，这是一个正直的执法者所应具有的品德！无论在什么社会制度下，人们都需要这样的执法者。叔向之所以为万世所敬仰，正是因为他身上具备这种高贵的品质。

腹𬳽奉公守法，依法斩独子

【名言】

法律就是秩序，有良好的法律才有好的秩序。

——［古希腊］亚里士多德

【故事】

腹𬳽（生卒年不详），战国时代秦国人，墨家学派的代表人物。腹𬳽学识渊博，为人忠直，奉公守法廉正俭约，很受国人的尊敬。遗憾的是，他的独生儿子却很不争气，整日游手好闲，不务正业，与一些纨绔子弟结帮成伙，常常惹是生非，违法乱纪。

腹𬳽为此操碎了心，但他的儿子却屡教不改，依然我行我素。终于，悲剧发生了。有一天，这个不争气的儿子因为一点小事与别人发生口角，争辩中他抡起拳头，拳打脚踢，后来竟开始动用兵器，将人打死了。

这件人命案很快轰动了京城，主管秦国司法的最高长官司寇也知道了这件事。依照法律，杀人偿命，腹䵍的儿子要被处以死刑。可是司寇向来与腹䵍关系密切，交情很深。他想：“腹䵍年事已高，这是他唯一的儿子，如果依法执行，腹䵍家就会绝后。这可怎么办呢?”

这是很残酷的现实。可是，如果不去问罪，满城风雨，民愤沸腾，国法难容。作为全国最高的司法长官，如果对这么严重的杀人大案不闻不问，又是故意失职，徇私枉法。

怎么办呢？思前想后总觉得左右为难。最后，司寇终于想出了一个两全其美的办法，既可以保住腹䵍儿子的性命，又不至于使自己受徇私枉法罪恶感的内心折磨，更不会落个庇护杀人犯的罪名。他想：“如果把这件事呈到秦惠王那里，必会求得秦惠王的赦免。”

于是，司寇把这件事的前因后果详细报告了秦惠王。最后，他向惠王求情说：“腹䵍就这么一个儿子，如果杀人偿命，那么为您操劳了一辈子的老臣就会暮年丧子，这不是太可怜了吗?”

刚听完这件事，惠王也感到很气愤，但听司寇这么一说，想到腹䵍廉洁一生，如今年龄这么大了，失去这根独苗，实在是太残忍了。

于是，秦惠王便下了一道指令，让司寇免腹䵍儿子一死。

腹䵍自从知道儿子打死人以后，心情非常沉重。一方面，他恨这个不成器的儿子无故杀人，终于引来了杀身之祸；另一方面，也为自己身为大夫而没能教育管束好儿子而深感内疚。有时，一想到自己的独养儿子将被送上刑场，也不免从心底里感到悲痛。

亲戚朋友听说了这件事，纷纷来说情，有的说让腹䵍去找秦惠王求情，让他赦免孩子；有的劝腹䵍找司寇通融，让他从轻发落。可腹䵍婉言谢绝了众人的好意，他对来劝说的人说：“杀人偿命这是秦国的法律，这孩子不学好，触犯了法律，理应受处置。我怎能徇私枉法呢?”

腹䵍横下一条心，就是不去通融求情，只等着孩子受到正法。可是，等了好几天，依然没什么动静，腹䵍正纳闷，有人告诉他说：“秦王看你年迈，只有一个儿子，已经下令赦免了他。”

听了这话，腹䵍不仅心里没有轻松，反而更沉重了，于是，马上进宫觐见惠王。腹䵍对秦惠王说：“我那不成器的儿子这次无故打死人，罪不容赦。儿子犯罪也是我管教不严造成的，怎么能对两个都应惩罚的人如此宽容呢?"

秦惠王一向佩服腹䵍的自律和为人，听了这话笑着说："你儿子是犯了重罪，理应严惩，但我念及你只有这么一个儿子，你年纪又这么大，所以我让司寇免你儿子一死，由你好好管教他算了。"

腹䵍对秦王恳切地说："臣的逆子无故杀人，不应宽待。杀人偿命，这是法律的规定，大王虽然特别照顾我们父子，但我们不能违背法律，否则以后别人再犯了同样的罪怎么办呢?"

"那么你忍心让独生子受极刑吗?"秦王又问道。

腹䵍流着泪说："我怎能不心疼自己的孩子？但我爱他是让他走正路，为国效力，绝不是让他胡作非为。他犯了死罪，做父亲的是不能枉法袒护的。"

在腹䵍的一再坚持下，秦王终于撤消了赦免令，又重新下了一道命令，把腹䵍的儿子处斩了。腹䵍虽然伤心欲绝，但内心总算是安宁了。

【解读】

古希腊著名的学者亚里士多德曾说："法律就是秩序，有良好的法律才有良好的秩序。"人们制定法律的目的就是维护社会秩序，保护所有人的生命和财产安全。只有人人守法，才能保证所有人都受益。但总有人在有意或无意间践踏法律的尊严！一旦发生这样的事情，就必须以平等的原则，公平地处理。腹䵍大义灭亲所体现的正是法律的平等精神！当然，这样的行为是一般人难以做到的，所以他才一直受到后人的称颂。

赵奢不畏权贵，秉公执法

【名言】

正直者顺道而行，顺理而言，公平无私，不为安肆志，不为危易行。

——【西汉】韩婴

【故事】

赵奢（生卒年不详），战国时期东方六国的八大名将之一。赵奢早年担任赵国的田部吏，主要职责是收取农业租税。在此过程中，他不畏权贵，秉公执法，得到了赵王的欣赏。

有一次，赵奢在收税的过程中遇到了一位难缠的超级大户。他就是平原君赵胜。这可是赵国的一位大名鼎鼎的人物。他是赵武灵王的儿子，赵惠文王的弟弟，封于东武（今山东省武城县西北），号平原君。惠文王任他为相，对他关爱备至，几乎是有求必应。

地位高，名气大，应酬花费自然逐年增加，平原君也像其他显亲权贵一样，想着法子弄钱，他弄钱的重要手法便是偷税漏税。如此一来，百姓就苦了。试想：田产大户的税收不上来，国家支出是个定数，还有额外的各种开销，这些费用从哪里来？还不是转嫁到老百姓头上！于是名目繁多的苛捐杂税层出不穷。大户们不肯缴，小百姓缴不起，专司其职的田部吏岂能不焦头烂额？

这年又到了收税时节，赵奢指挥手下四处征收，一般老百姓的很快收上来了，可豪族巨富像往年一样不理不睬。尤其是平原君家，悍奴刁仆，更是不可一世，收税的差役上门，不是被他们阻之门外，就是遭到他们的羞辱谩骂，一文钱也收不到。

平原君家这样，其他豪门便群起效尤，赵奢的工作因而难上加难。按通常的做法，税务官会带上点礼物，到平原君等豪门府上去拜会一次，能收就收一点，不能收就算了，还不忘说些阿谀奉承的话，这是为了结个人缘，以后升官发财好多条门路，这叫公事私办。

然后，再把他们不缴的税款摊到百姓头上去，自己也乘势从中捞点油水。这样做也不必怕出事，上面有平原君们挡着呢！平原君偷税漏税，赵王不予追究，谁敢去查？这又叫私事公办。

可赵奢不愿意这么做，他不甘心眼睁睁地看着百姓受坑害，一心想要把平原君的税款收上来。平原君这根骨头啃下来后，其他豪门的事就好办了。他日思夜想，最后终于想出了一个办法。

这天，赵奢亲自带队到平原君府上来收税，平原君府内管事的像往常一样，不买账，不交税。赵奢毫不留情，当即下令将他逮捕法办。赵奢一路往里走，从门外到门里，从外庭到中堂，一连抓了平原君府上9

名管事，抓回去后明正法典，全数斩首示众。

消息飞快报到平原君那里。平原君勃然大怒，不由分说派人将赵奢抓入府中，也要将他问斩。赵奢毫无惧色，站在庭前，恭恭敬敬地向平原君施了一礼，然后说："微臣只是一名专司收税的小吏，依法收税是为了维护国家的利益。我确实下令杀了公子府上9名管事，实因这9名管事倚仗公子大名，公然抗拒国家法令。请公子想一想，如果我们当公差的都不维护国家法令法规的尊严，反而千方百计削弱、破坏它，国家就会迅速衰竭。国家衰竭，列国诸侯就会趁火打劫，发动进攻，我们赵国立刻就会面临亡国的危险。我们赵国一旦遭遇不测，公子首当其冲，'皮之不存，毛将焉附'，荣华富贵还靠什么存在呢？所以微臣以为，以公子的身份和地位，更应维护国家利益，履行纳税义务；以公子在高门豪族中的巨大影响，公子如能率先纳税，其他人必能闻风而从。这样，赵国的稳固、强盛岂不指日可待？国家因公子的贤明得以稳固、强盛，从君王到庶民，谁不赞颂呢？"

赵奢一席话，说得平原君无言以对。这些道理虽然浅显，但他过去从未认真思考过，如今一听，真如醍醐灌顶，情不自禁地连连点头称是。于是平原君态度大变，不仅非常客气地以礼相待赵奢，同时立即下令，要家人如数缴纳了应缴的税款。

平原君明白过来后，对赵奢十分器重，极力向赵惠文王保荐，并将他收税的经过一五一十地讲了一遍，赵惠文王对赵奢的作为也很赞赏，便任命他总管全国赋税。走马上任的赵奢立即着手税收改革，杜绝大户的各种偷漏行为，减免一般百姓的苛捐杂税。不几年，赵国出现了民众富庶、国库殷实的喜人局面。

【解读】

法乃一国之法，而不是专为哪一个人或哪一群人而制定的。所以，一旦法律公布生效之后，无论是谁，都要不折不扣地予以遵守执行。这是由法律的普遍适应性和平等性决定的。一旦有人违反法律，执法者就应当依据法律，以平等的态度对待，坚决予以严惩。

董宣不畏权贵，秉公执法

【名言】

无法之言不听于耳，无法之劳不图于功，无劳之亲不任于官，官不私亲，法不遗爱。上下无事，唯法永在。

——【先秦】慎到

【故事】

董宣（生卒年不详），字少平，陈留圉（今河南省杞县南）人。东汉初年，他历任北海相、江夏太守、洛阳令等职。在职期间，他不畏强暴，坚持法律面前人人平等的观念，惩治豪族，不向权贵低头，赢得了“强项令”、“卧虎”的美誉。

西汉末年，天下大乱，各地豪强纷纷割据称雄。西汉宗室刘秀镇压了绿林、赤眉两支最大的起义军之后，接着又消灭割据陇右和蜀地的两个割据政权，统一了中国，建立了东汉。刘秀就是历史上著名的汉光武帝。

建立了东汉王朝以后，汉光武帝知道老百姓对各地豪强争夺地盘的战争早已恨透了，决心采取休养生息的政策。例如减轻一些捐税，释放奴婢，减少官差，还不止一次地大赦天下。因此，东汉初年，经济得到了恢复和发展。

汉光武帝懂得打天下要靠武力，治理天下还得注意法令。不过法令也只能管老百姓，要拿它去约束皇亲国戚，那就难了。比方说，汉光武帝的大姐湖阳公主就依仗兄弟做皇帝，骄横非凡，不但她爱怎么着就怎么着，连她的奴仆也不把朝廷的法令放在眼里。

洛阳令董宣是一个硬汉子。他认为，即使是皇亲国戚犯了法，也应该同样治罪。有一次，湖阳公主的一个家奴仗势行凶杀了人。凶手躲在公主府里不出来。董宣不能进公主府去搜查，就天天派人在公主府门口守着，只等那个凶手出来。

有一天，湖阳公主坐着车马外出，跟随着她的正是那个杀人凶手。董宣得到了消息，就亲自带衙役赶来，拦住湖阳公主的车。湖阳公主认为董宣触犯了她的尊严，沉下脸来说：“好大胆的洛阳令，竟敢拦阻我的车马？”

董宣可没有被吓倒，他拔出宝剑往地下一划，当面责备湖阳公主不该放纵家奴犯法杀人。他不管公主阻挠，吩咐衙役把凶手逮起来，当场就把他处决了。这一下，差点儿把湖阳公主气昏过去。她赶到宫里，向汉光武帝哭诉董宣怎样欺负她。

汉光武帝听了，十分恼怒，立刻召董宣进宫，吩咐内侍当着湖阳公主的面，责打董宣，想替公主消气。董宣说：“先别打我，让我说完了话，我情愿死。”

汉光武帝怒气冲冲地说：“你还有什么话可说的。”

董宣说：“陛下是一个中兴的皇帝，应该注重法令。现在陛下让公主放纵奴仆杀人，还能治理天下吗？用不着打，我自杀就是了。”

说罢，他挺起头就向柱子撞去。汉光武帝连忙吩咐内侍把他拉住，董宣已经撞得血流满面了。汉光武帝知道董宣说得有理，也觉得不该责打他。但是为了顾全湖阳公主的面子，要董宣给公主磕个头赔个礼。

董宣宁愿把自己的头砍下来，怎么也不肯磕这个头。内侍把他的脑袋往地下摁，可是董宣用两手使劲撑住地，挺着脖子，不让把他的头摁下去。内侍知道汉光武帝并不想把董宣治罪，可又得给汉光武帝下个台阶，就大声地说：“回陛下的话，董宣的脖子太硬，摁不下去。”

汉光武帝也只好笑了笑，下命令说：“把这个硬脖子撵出去！”

从此之后，董宣就得了一个“强项令”的美名。

湖阳公主见汉光武帝放了董宣，心里很气，对汉光武帝说：“陛下从前做平民的时候，还收留过逃亡的和犯死罪的人，官吏不敢上咱家来搜查。现在做了天子，怎么反而对付不了小小的洛阳令？”

汉光武帝说：“正因为我做了天子，就不能再像做平民时候那么干了。”

结果，汉光武帝不但没办董宣的罪，还赏给他 30 万钱，奖励他执法严明。董宣回到官府，把这笔钱全分给了他手下的官员。

以后，董宣在光武帝的支持下依法严厉打击那些骄横霸道的不法分子，就是贵族豪门甚至皇亲国戚也不得不收敛一些了。洛阳的豪族听到董宣的名字都吓得发抖。人们都称他是“卧虎”。

董宣居官清廉，直到74岁死在任上。董宣死后，光武帝派使者前去吊唁，使者看到董宣的尸体用布被裹着，家中只有一辆破车，几斗大麦。光武帝得知这一情况后，感慨地说：“董宣这样廉洁，到他死了我才知道！”

于是，光武帝便下令以大夫的规格安葬了他。

【解读】

在法律面前，人人平等，这是一条千古不易之理。即使是在等级制度森严的封建社会，也有“天子犯法与庶民同罪”的说法。尽管在实际操作中，这一原则很难被认真执行，但其中所体现的平等精神却值得今人学习。

张释之秉公执法，天下无冤

【名言】

君子不失口于人，故言足信也。

——《礼记·表记》

【故事】

张释之（生卒年不详），字季，南阳堵阳（今河南省方城县东）人，西汉著名的政治家和学者。公元前179年，即汉文帝元年，张释之以赀选为骑郎，历任谒者仆射、公车令、中大夫、中郎将等职。

公元前182年，即汉文帝三年，张释之升任廷尉，成为协助皇帝处理司法事务的最高审判官。他认为廷尉是“天下之平”，如果执法不公，天下都会有法不依而轻重失当，百姓于是会手足无措。

因此，张释之严于执法，当皇帝的诏令与法律发生抵触时，仍能执意守法，维护法律的严肃性。他的言行在皇帝专制、言出法随的封建时代是难能可贵的。时人称赞“张释之为廷尉，天下无冤民”。

有一天，汉文帝出行，张释之随驾。车马走到中渭桥时，有一个乡下人突然从桥下跑了出来，惊了皇帝的马。当时的法律规定，圣驾所到之处，百姓均需回避。这一法律被称为清道令。

乡下人这么一跑，把皇上车驾的辕马惊了，颠得皇上坐都坐不稳。皇上一生气，派骑兵追上去把他抓回来，送交廷尉治罪。

张释之问他："圣上的车驾来了，你为什么不遵守清道令，赶紧回避呢?"

乡下人说："我是长安县的乡下人，听到了清道禁止人通行的命令，就躲到桥下去了。过了好久，以为皇帝的队伍已经过去了，就从桥下出来了。不料，皇帝的车驾并没有走远，我一害怕，就跑了起来，惊了圣驾。"

张释之了解了情况后，参照有关规定，宣布说："你触犯了清道的禁令，应处以罚金。交了罚金就走吧!"

汉文帝一听张释之如此处理，十分震怒，说："此人惊了我的辕马，幸亏这匹马性情温和，不然岂不是把我伤了吗？我让你处理，你该杀掉他，怎么反而把他放了呢?"

张释之认真地说："国家制定了法律，天子就应当与天下百姓共同遵守。这个乡下人并不是特意要惊皇上的辕马，如果重办这个人，国家法律就会在人民心目中失去信用!"

看到文帝怒气未消，张释之接着说："这个人在中渭桥冒犯了陛下的座驾，陛下盛怒之下，派人追去把他杀了也就罢了，因为人们尚能理解。可是陛下把他押送到廷尉这里，廷尉执法就必须以事实为依据，以法律为准绳，公平量刑。如果廷尉断案不公，那么，天下用法的轻重，就失去了标准，老百姓就手足无措了，所以廷尉执法，决不可失信于民，望皇上冷静思量!"

汉文帝想了想，说："张廷尉断案正确，量刑准确。不能让国家的法律失信于民，中渭桥事件，就这样结案吧!"

惊马人的案件处理后不久，西汉朝廷又发生了一起重大案件。有人胆大妄为，偷窃了汉高祖庙中神座前的玉环。汉文帝对窃贼敢于盗祖庙大为恼怒。全国上下一致行动，很快盗贼就被抓到了。

汉文帝下令把盗庙贼交给廷尉严加惩治。张释之依据西汉法律中规定的偷窃宗庙的珍宝、服饰、器物的条款，判处盗贼斩首示众的"弃市”刑罚。

张释之把这个判决上奏汉文帝后，汉文帝勃然大怒，责问张释之：“这个贼无法无天，为非作歹，竟敢盗窃皇家祖庙中的玉环器物。我所以把此案交给廷尉去处治，就是要你严加惩处，判以灭族重刑。可是你却像办其他案子一样，只是按照法律条文的规定，上报判处的意见。你这样处置他，怎么能够维护先帝高祖的尊严呢？再说也违背了我尊奉祖先，恭敬、孝顺的心意。”

张释之看到汉文帝大发脾气，慌忙脱帽叩头谢罪，口里却依然据理力争地辩驳说：“根据法律规定将窃贼判处‘弃市’就是最重的了。到底是判斩首弃市罪，还是判灭族罪，应该按照罪行情节的轻重来定。现在要是对盗窃玉环器物的贼就判以灭族罪的话，那么有朝一日，再有个胆大妄为的亡命之徒，若公然去挖掘祖庙，陛下又将用什么刑罚来加以惩治呢？”

开明的汉文帝听后沉思不语，接受了张释之的正确意见。

【解读】

在法律面前人人平等，这句话不光适用于犯罪嫌疑人，也适用于受害人。如果因为受害人的身份不同而区别对待犯罪嫌疑人的话，法律也就失去了它的平等性。张释之秉公执法，不因为皇帝的干涉而有所动摇，不但维护了法律的尊严，也践行了在法律面前人人平等的原则。

虞延一身正气，执法如山

【名言】

言行而不轨于法令者，必禁。

——【先秦】韩非

【故事】

虞延（生卒年不详），东汉初年有名的政治家，因执法公正严明而著称于世。虞延生逢西汉末年，天下大乱，民不聊生。传说，他刚出生时，有一股像白练一样、类似祥云的东西，从他家的上方升起，当时人认为是个吉祥的兆头。

长大后，虞延身长八尺六寸，腰带十围，力能扛鼎。古人比喻人力气大，总是说某人力能扛鼎。西楚霸王项羽也曾得到过这个赞誉。能和西楚霸王得到同一赞誉，由此可见虞延的力气之大。

可是这个人特殊的并不在于他的一身力气，要说力气，比他大的人多的是。很显然，相对于一身蛮力，更令人欣赏的是他的胆量和正气，欣赏的是他不畏权贵的正气和胆量。

虞延年轻的时候，当过亭长。亭长在当时是小得不能再小的官，但责任却很大，既要维护一方的社会治安，还要负责税收、人口稽查、司法等等工作。

虞延管辖的范围内有一个刺头。此人是王莽的贵人魏氏家的门客。他仗着魏氏的势力胡作非为，为害一方。魏氏是皇上的贵人，很显然，能有人在她头上动土，没有相当的胆量是不行的。

但虞延就有这个胆量。一天，他带领手下，冲入魏家就把人拿了。说到这里，不得不小小地称赞一下王莽。王莽这个人，大家都知道他篡汉，对他评价不好。但是这个人有点肚量。虞延抓了他魏氏家的人，要是别人，估计虞延不被砍头至少也要发配流放了。但是王莽这个人也很明白，他知道法令大，所以也没敢把虞延怎么样，只是在他升官的事上给小小地卡了一下。

及至王莽倒台，汉光武帝登基，虞延升任洛阳令。当时阴姓人中有南阳美人阴丽华，被光武帝立为皇后，明帝即位，尊她为皇太后，使阴氏称盛于河南南阳。可见阴氏家族在当地有多大的势力。

这个阴皇后娘家，也有个门客叫马成。这个马成，仗着阴家的势力，胡作非为，大为奸盗之事。这个虞延，因为光武皇帝赏识他，给他洛阳令这个官做。按说虞延应当心怀报恩之心，可是这小子就是六亲不认，在法令面前，早把皇上丢一边去了。他不惧阴家威吓，把马成收狱拷问。

马成出事了，阴家人就来走后门说情，这个死脑筋只认法令的虞延，根本没有给阴氏面子，“阴氏屡请，获一书辄加篣二百。”你说一次情，我就加罚他200，打他200次。弄得阴皇后的弟弟很没面子，就偷偷跑到皇上那里去告状，诬告他执法不公，多有冤案。

于是到皇帝巡行道路的馆舍，亲自检查囚犯罪状。虞延让那些案情有可论辩的囚犯站在东边，无理可讲的站在西边。马成于是回身想到东面，虞延上前捉住他，对他说："你是人中的大蠹虫，长久地依托城社（城社喻权势），不怕熏烧。现在审查核实没完，应当完全依法制裁！"

马成大喊说自己冤屈，皇帝的近卫军官用戟刺着虞延，喝叱虞延放开马成。皇帝知道虞延公正无私，对马成说："你犯了王法，是你自己造成的灾祸！"呵斥让他快走回去。几天后马成被处死刑。从此外戚收敛行为，再没有人敢犯法了。

【解读】

虞延作为小官员，不徇私情不畏权势，敢惹王莽的贵人，敢动光武的正官，胆量确实非一般人能比。不过，还应该正视这样一个事实：当时的封建帝王，法制观念都很强。不管是王莽，还是光武皇帝，在法令面前，都不能徇私情，或者说是不敢徇私情，都要按着法令来。由此可见，法令要落实，要严格，不但要有铁面无私的执法官，更要有一个严格执法的大环境。

清官盖勋不因私仇而废法

【名言】

为政者，不赏私劳，不罚私怨。

——【先秦】左丘明

【故事】

盖勋（生卒年不详），东汉末年著名的清官，历来为世人所敬仰。

盖勋出身世代仕宦家庭，加之他个人具有善事父母，注重自身廉洁的品德修养，因而被郡国官吏举为孝廉。他便以孝廉的身份步入仕途，初任汉阳郡（今甘肃甘谷县东）长史。长史是太守的属官，辅佐太守，掌一郡兵马。

盖勋到任不久，梁州刺史梁鹄即来求见。寒暄之后，话即转入正题。

梁鹄说：“盖大人，某有一事请教。”

盖勋忙道：“不必客气，梁大人请讲。”

“是这么回事，”梁鹄靠近盖勋，附耳低声说道，“武威郡的一个小吏前日呈状告发他的上司何太守，说他贪赃枉法，草菅人命，盖大人你看怎样处置?”

“罪证可确凿?”盖勋问道。

“罪证倒也确凿，只是……”梁鹄说到这里，把话停住，眼望着盖勋，观察他的反应。

“只是什么？既然罪证确凿，理当呈报上司，按律论处!”盖勋回答说。

梁鹄惊讶地问：“唉！盖大人难道不知道，这武威郡的何太守乃是太后的内亲……”

盖勋也惊讶地回答说：“这我知道！但这和他贪赃枉法有什么关系呢?”

梁鹄又问：“可是盖大人知道那小吏是谁吗?”

盖勋说：“倒也不知。”

梁鹄缓缓道：“他就是苏正和!”

“什么!”一听是苏正和，盖勋陡然色变，一下迟疑了起来。

这苏正和是什么人？为什么盖勋一听到是他便神色大变？原来这苏正和过去曾为一件私事与盖勋结下冤仇，盖勋一直怀恨在心，总想寻机报复，现在机会来了，可是这件事该怎样处理呢?

盖勋侧身问梁鹄：“梁大人你看这件事怎样处理才好呢?”

“盖大人，”梁鹄说道，“何太守朝中有人，得罪不得，我想不妨给那苏正和诬告上司之罪，投入牢狱，然后……”

说到这里，梁鹄声音更低了。

盖勋一下明白了，梁鹄因怕得罪权贵，丢掉乌纱帽，便设下这杀人灭口之计，来找他商量，是要与之合谋，日后好互相包庇，便冷笑一声，说道：“梁大人老谋深算，果真名不虚传啊!”

梁鹄洋洋自得地说：“不敢当。只是这样一来，既可为何太守开脱，又可为大人报仇，真可谓一箭双雕啊!”

"糊涂！"大出梁鹄意料，盖勋一下发起怒来，"苏正和秉公行事，告发赃官，光明磊落，怎么能因他是我的仇人便不分良莠，欲置他于死地呢？"

"这……"梁鹄一时不知说什么好。

盖勋接着说："梁大人，你这样做，难道于心无愧么？"

盖勋这样一讲，圆滑的梁鹄急忙赔笑，改口说道："盖大人说得极是，怎能诬良为奸，颠倒黑白呢！卑职回去，立即秉公审处此案。"

梁鹄回衙后，果真将何太守缉拿归案，但后来还是从轻发落，并未定罪。

不久，苏正和知道了这件事，他非常感激盖勋的宽宏大量，特地去登门拜谢。

不料，苏正和吃了一顿闭门羹。盖勋传话出来："公事是公事，私仇是私仇，我不是庇护你苏正和，而是维护法纪，你别以为我已经忘却了对你的仇恨！"

盖勋不因私仇而废法，不因维护法纪而忘私仇之事一时被传为美谈。盖勋也因此得到了公私分明、刚直不阿的美名！

【解读】

脱掉身上的制服，执法者也和大家一样，只不过是普通人罢了。他们也有个人的生活，也有个人好恶。然而，他们又不是真正意义上的普通人。因为他们是维护法律的斗士和社会的审判者。作为审判者，他们只有坚持在法律面前人人平等、公私分明的原则才能不把个人好恶带到审判中来，更好地维护法律的尊严。

赵俨秉公办案，李通全力支持

【名言】

法者所以爱民也，礼者所以便事也。

——【先秦】商鞅

【故事】

李通（生卒年不详），江夏平春（今河南省信阳市西北）人，东汉末年著名的政治家和军事家。

东汉末年，天下大乱，李通与同郡陈恭起兵于朗陵（今河南省确山县）。汉献帝建安初年，李通率部到许昌归附曹操，因作战有功被封为建功侯，并做汝南郡阳安都尉，执掌一郡的军事大权。他对自己要求十分严格，从不居功自傲，更不徇私枉法，深受百姓的爱戴。

有一天，李通听说妻子的伯父在汝南郡所辖的朗陵县犯了法，刚正不阿的朗陵长赵俨为了严肃国法，不因罪犯是自己顶头上司的亲戚而加以宽容，而是公事公办，立即把罪犯抓了起来，并依法判了死刑。

李通正在为赵俨为民除害高兴时，他的妻子哭哭啼啼来找李通，苦苦哀求他想办法营救伯父。李通说什么也不肯答应。妻子劝道："逮捕判刑的权力虽在县里，但生杀大权却由郡里掌握。只要你说句话，不予批准，伯父就不会被杀掉。你就救救他吧。"

说着，妻子失声痛哭起来。

不管妻子怎样哭求，李通一点也不动心，说什么也不答应。他严肃地劝妻子说："我正和曹丞相打天下，怎能以私废公呢？你伯父犯了法，理应依法处死。我身为一郡都尉，必须秉公办事、公平执法、为国尽力，不能置国法于不顾！不管你怎么说，我绝不会干徇私枉法的事！"

不久，李通妻子的伯父按赵俨的判决，依法斩首了。

李通不仅没有怨恨赵俨，反而十分敬佩他，夸他忠于职守，执法不阿，说他是做大事的人。后来，李通还请赵俨喝酒，和他交了朋友。

曹操见李通为人耿直，大公无私，十分器重他。不久，他便提升李通为汝南太守，改封都亭侯。

赵俨是颍川郡阳翟（今河南省禹州市）人，投奔曹操之后初任朗陵长。后因精明强干，执法如山，历任都督护军、侍中、驸马都尉、河东太守、典农中郎将、度支中郎将、尚书等要职，后封关内侯、宜土亭侯。

赵俨刚正不阿，李通大力支持他。两人大公无私的精神为世人所赞扬，其故事一直流传至今。

【解读】

法律是世间最无情的东西，因为它以冷冰冰的面孔对待每一名违法者，从不姑息任何人；法律又是世间最多情的东西，因为它维护的是每一个社会成员的利益。秉公执法，不但对违法者是公平的，对每一个社会也是公平的。

曹操割发代首，带头守法

【名言】

治国无法则乱，守法而弗变则悖，悖乱不可持国。

——《吕氏春秋》

【故事】

曹操（155～220），字孟德，小字阿瞒，一名吉利，沛国谯（今安徽亳州）人，东汉末年杰出的政治家、军事家、文学家。曹操有着极强的军事才能，消灭了众多割据势力，统一了中国北方大部分区域，并实行一系列政策恢复经济生产和社会秩序，奠定了曹魏立国的基础。

为了维持统治的秩序，保持内部的一致，增强军队的战斗力，曹操十分重视纪律，并常常带头遵守。他是一个言出法随、令行禁止的人，这也是他在政治、军事方面经常取胜的原因之一。

一次，曹操亲自统领大军去打仗。行军的路上，看见路边的麦子都已经成熟了。原来老百姓因为害怕士兵，逃到外边，不敢回来收割麦子。

曹操派人挨家挨户告诉村里人和各处看守边境的官吏，说：“我奉皇上旨意，出兵讨伐叛逆的贼人，为民除害。现在正是麦子成熟的时候，只要有践踏麦田的，就斩首示众，说到做到。父老乡亲们请不要害怕。”

老百姓们开始都不相信，仍旧躲在暗处观察曹操带领的军队的行动。

经过麦田的官兵，都下马用手扶着麦秆，小心地蹚过麦田，这样一个接着一个，相互传递着走过麦地，没一个敢践踏麦子的。

老百姓看见了，没有不欢喜称颂的，望着官军的背影跪在地上拜谢。

曹操骑马正在走路，忽然，田野里有一只鸟惊叫着飞起来。曹操骑的马受了惊吓，一下子蹿入麦田中，践踏坏了一块麦田。

曹操立即叫来随行的官员，治自己践踏麦田的罪行。官员说："怎么能给丞相治罪？"

曹操说："我亲口说的话，我自己都不遵守，还有谁会心甘情愿地遵守呢？一个不守信用的人，怎么能统领成千上万的士兵呢？"随即抽出腰间的佩剑，想要自刎。众人连忙拦住。

这时，大臣郭嘉走上前说："古书《春秋》上说，法不加于尊。丞相统领大军，重任在身，怎么能自杀呢？"

曹操沉思了好长时间，才说："既然古书《春秋》上有'法不加于尊'的说法，我又肩负着天子交给我的重要任务，那就暂且免去一死。但是我不能说话不算话，我犯了错误也应该受罚。"

于是，曹操用剑削断自己的头发，扔在地上，说："那么，我就割掉头发代替我的头吧。"

以今天的观点来看，割掉一缕头发根本算不上什么惩罚。不过，在那个时代可就不一样了。《孝经》上说："身体发肤，受之父母，不敢毁伤，孝之始也。"意思就是：人的身体四肢、毛发皮肤，都是父母赋与的，不敢予以损毁伤残，这是孝的开始。所以，割发当时是一种十分严重的处罚。

曹操又派人传令三军："丞相践踏麦田，本该斩首示众，现在割掉头发代替。"

就这样，曹操以军法面前人人平等的态度用诚信赢得了士兵和百姓的爱戴，也维护了军法的严肃性。结果可想而知，他的士兵们在战场上以军法严格约束自己，奋力死战，自然是取得了一个又一个胜利。

【解读】

俗话说"军令如山"，如果主将自己都不能遵守规定，违法乱纪的话，那以后的军威也就荡然无存了。面对私情和军纪，曹操明辨是非，不搞特殊化，始终坚持军法面前人人平等的原则，终于赢得了士兵和百姓的爱戴。这也是他能一统北方，成就大业的重要原因之一。

徐有功冒死直谏，依法办事

【名言】

刑过不避大臣，赏善不遗匹夫。

——【先秦】韩非

【故事】

武则天（624～705），中国历史上唯一一个正统的女皇帝，同时也是一位颇有才气的诗人。690年，她宣布将国号由“唐”改为“周”。这一做法受到一些大臣的反对，她依靠一批酷吏如周兴、来俊臣等人，用严刑峻法来镇压反对派。

有一回，7名大臣被捕，周兴等人判了他们死罪。武则天见杀人太多，突然产生了恻隐之心，想从轻发落这批大臣。她对周兴等人说：“古人之所以杀人，是为了禁止乱杀人；我这一次想反其道而行之，用放生来制止杀人。我要赐这7名罪犯不死，大家说行不行。”

来俊臣抢着说：“以生止杀真是陛下仁慈的发明，比古人高明多了。但是这7人罪大恶极，还是不要从他们开始吧！”

话音未落，另外一位大臣立即上前启奏说：“陛下提出了慈悲宽大的办法，我是完全拥护的，天子无戏言，您已经说不再杀他们，就不应再杀他们，但是来俊臣故意违背陛下的旨意，如果听了他的，将此7人杀掉，那么陛下今后用什么来示信于天下呢？”

武则天一看，这位大臣是司刑副官徐有功，官职比来俊臣小得多，却敢理直气壮地说话，心中暗暗高兴。她大声说：“徐卿说得有理，这7人一律免死！”

接着，武则天又说：“朕一向欣赏敢说真话的人，徐有功敢说真话，朕任用他做‘左肃政台侍御史’，负责复审大案要案，我想他一定能尽量避免冤案！”

徐有功一听，连忙跪下辞谢，说：“臣难以承担这么重大的职责！”

武则天感到奇怪，说：“朕提拔你，为什么要推辞呢?”

徐有功说：“陛下用臣下任执法高官，臣下若守正行法，就一定要招来许多诽谤，那样就会置臣下于死地了。”

武则天一听乐了，说：“我这‘左肃政台侍御史’，就要用敢于守正行法的人来当。我倒要看看一个守正行法的人怎么会死！”

武则天于是放手任用徐有功。徐有功在复审案件中，改正了许多周兴、来俊臣等人重判的案件，救了许多人的性命。

一次，来俊臣将一宗大案呈奏武则天，并要处死案犯。武则天一看，是涉及一件谋反的案子，正要对案犯判死刑表态，徐有功说：“陛下，这件案子臣下复审时，已认为不应当重判。”

武则天很奇怪，问：“为什么?”

徐有功说：“此案的主犯已经处死了，本案犯是从犯，经查，与主犯并无直接勾结，依法不当处死，否则就是朝廷不当！”

武则天不爱听“朝廷不当”四字，周兴乘机说：“徐有功故意为死囚说话，其罪当诛！”

武则天大怒，说：“来人，将这个故意为叛逆说话的人，推出去斩首！”

徐有功当场被绑了起来，当他被押出殿门时，回头看武则天一眼，义正辞严地喊：“臣虽死，法终不可改！”

说完，徐有功挺直胸膛大步迈向刑场。

这时，长安城内一片肃静，刽子手正等待着行刑的时刻。武则天的情绪渐渐平静了一些，突然想起徐有功说过“陛下以法官用臣，臣守正行法，必坐此死矣”，徐有功确是履行了“守正行法”的原则，处死他倒是自己失去信用了。

于是，她下了紧急命令：“快传旨，赦免徐有功，官复原职！”

徐有功官复原职后，那一批酷吏的气焰，也就不得不收敛些了。

【解读】

在等级森严的封建社会，从某种意义上说，皇帝的话就法律。但是，即便如此，皇帝也不能为所欲为，也必须在一些基本的原则之下办事。这些基本的原则除了不可捉摸的人性之外，还有白纸黑字的国家条文，即成文法。

隋文帝严惩恶子，感召天下

【名言】

圣人不敢以亲戚之恩而废刑罚，不敢以怨仇之忿而废庆赏。

——【东汉】徐干

【故事】

隋文帝杨坚（541～604，581～604年在位）登上皇位后，常常教育自己的孩子要勤政爱民，注意节俭。他还特别告诫孩子说："治理国家，必须树立法制的权威，取信于民。我朝的法律任何人都必须遵守，不管是谁犯了法，都要受到惩处。"

隋文帝杨坚有5个儿子，分别是长子杨勇、次子杨广、三子杨俊、四子杨秀和五子杨谅。由于父亲事先警告过众人"王子犯法与庶民同罪"，杨勇、杨广等人都能严格要求自己，带头遵守国家的法律。

三皇子杨俊可不管什么警告！他在平灭位于江南的陈朝、结束中国南北朝长期分裂局面的过程中立了大功，被封为秦孝王。他既是功臣，又是皇胄，觉得国法是管不到自己头上的，于是就放纵自己，胡作非为。他和他的手下仗势欺人，霸占别人田产，抢夺百姓妻女，而且放债求利，下层官吏和百姓深受其苦。

隋文帝听说三皇子杨俊干了许多违法乱纪的事，勃然大怒，立即派人查办此事。开始时，他还念及父子之情，只是惩办了杨俊的手下（因此受株连的有100多人），以为这样可以使杨俊有所收敛。

谁知杨俊恶习难改，他不仅依然我行我素，而且竟依照皇宫的规格来营造自己的王府，奢侈华丽到了极点。同时还从民间搜罗了大量的美女、歌妓，供其寻欢作乐。

隋文帝见杨俊如此奢侈腐化，再也无法容忍了。他深切地认识到，如果再对杨俊庇护宽大，就会有更多的人效尤，以致危及隋朝的长治久安。正是出于这样的考虑，隋文帝断然下令削去杨俊的官职，先将其软禁起来，再依法惩处。

这件事在朝中引起很大的震动。左武卫将军刘升以为这只是隋文帝的一时气愤之举，等气消了就没有事了，于是就向隋文帝进谏说："秦王功劳很大，现在只不过是多花了朝廷几个钱把王府修整一下，也算不了什么大错，臣以为可以宽容，教育教育也就算了，还是恢复他的官职吧！"

隋文帝说："国家的法律是不能违犯的。皇子犯了法，也必须受到惩处。"

刘升还是一个劲地为杨俊求情，劝隋文帝恢复杨俊的官职。直到隋文帝脸上显出愤怒的样子，刘升才停止了劝谏。

不久，朝廷重臣杨素也来进谏，说秦王虽有过错，但不应受到这样重的惩处，请隋文帝仔细斟酌，对杨俊手下留情。

隋文帝对杨素说："王子犯法，与民同罪。我是5个儿子的父亲，如果按照您的意思办理，那为什么不对皇帝的儿子特别制定一套法律呢？我倒是想赦免他，可是国法饶不了他啊！过去，周公还诛杀其弟管叔和蔡叔呢，我诚然远远不如周公，但也不能损害法律啊！"

杨素听了隋文帝的这一席话，也就不好再说什么了。

杨俊听说父皇拒绝了大臣们的请求，知道自己罪不能免，又急又怕，吃不下，睡不安，很快就病倒了。他在病中给父皇写了封认罪书差人送去，请求从轻发落。

隋文帝对送认罪书的人说："你回去告诉俊儿，他犯的罪国法难容。我惩处他，心里也很难过，但只有这样做，才能使子孙后代有所警惕，不敢再胡作非为。不然的话，隋朝的天下会被很快断送的。"

杨俊听了这话，病情加重，不久就死去了。

杨俊死后，他的手下人想办办丧事，在杨俊墓前立块石碑。隋文帝阻止说："立石碑有什么用？要想留名，在史书里把他的事写上几笔就可以了。"

随后，隋文帝又吩咐说："要把杨俊的府第充公，奢侈华丽的装饰要全部毁掉。"

【解读】

在漫长的封建社会，虽然无法不折不扣地执行“王子犯法与庶民同罪”这一原则，但这句话能够在当时出现就已经是很大的进步了。在等级森严的封建社会里，人们尚且知道维护法律的平等性，更何况在人人平等的今天呢？

姚崇刚直不阿，为相不护子

【名言】

法不立，诛不必，而欲为吏者之毋贪，不可得也。

——【明朝】顾炎武

【故事】

姚崇（650～721），唐代著名的政治家，历任武则天、唐中宗、唐睿宗、唐玄宗四朝宰相，有“救时宰相”之称。姚崇为官几十年，始终清廉俭朴，严于律己，尤其是严惩自己的儿子的故事，被后人传为美谈。

有一年，唐玄宗新任命了一名吏部尚书叫魏知古。魏知古是个清正不阿的人，与姚崇是好朋友。正赶上在东都洛阳考选进士，魏知古就带人前去巡查。恰巧，姚崇的儿子正在洛阳做一个普普通通的小官，知道父亲几十年的老朋友如今掌管全国官吏的选拔和调动，便来求见魏知古。

“伯父，您一路劳累，这点补品请您补养一下吧。”姚公子非常客气地说着，把几盒补品放在桌上。魏知古一看是老朋友的儿子，自然是很高兴，并没有拒绝送来的礼品。

“贤侄，我看你一表人才，最近在干什么呢？”魏知古很关心地问。

“唉，伯父，您也不是不知道，家父一向对我要求很严，让我在这东都城里任个芝麻小官，见不着什么大世面，也很难有升迁的机会呀！”

一提起这事，姚公子马上愁容满面，好像一肚子委屈似的。

魏知古知道姚崇一向教子很严，而且从不因为升迁调任的事为孩子说情，魏知古并不深知姚公子到底才识人品如何，便以长辈的身份语重心长地开导了年轻人一番。最后说："你父亲这个人的脾气我了解，他不鼓励你入京做官，是想让你再锻炼一下，你应该体谅你父亲的心思才是。"

听了魏知古的话，姚公子恳切地说："伯父的话我都记下了，只是我远离京城，很难受到前辈们的关照，如果伯父有机会的话，还请多替我美言几句，我一定不会辜负您的期望的。"

魏知古明白姚公子升迁心切，因为是老朋友的孩子，不好多说什么，便安慰他说："作为朝廷命官，我的职责就是任能选贤，提拔有才识的年轻人。你的抱负我已经知道了，不会让你错过好机会的。"

这些话总算让姚公子转忧为喜。

不久，魏知古巡视完东都的进士考选回到了京城。进见唐玄宗时，就把姚公子的请求告诉了唐玄宗，并说："姚老相公一向教子很严，姚公子在洛阳也确实是职小位卑，但我对他的才识和为人了解不深，所以并没有答应他的请求。"

于是，唐玄宗就让姚崇进宫，直截了当地问姚崇："你的儿子到底才能怎么样？现在做的是什么官职？"

姚崇就把儿子的情况告诉了玄宗，并叹了口气说："我的儿子官小位卑，但他能恪尽职守我就满足了，我看他为人贪欲而不够谨俭，总想着提职升迁。这次魏知古去东都巡视，他很可能去找魏知古疏通说情，我看他很难承担国家的重任，请皇上秉公处理。"

唐玄宗见姚崇这样坦率，又毫不徇私情，便非常感动。就对魏知古说："你应该照顾一下姚公子，对姚老相公不能这样不讲情面。"

姚崇听到这话，忙说："是我儿子不好，他不按陛下的规定行事，私下求情，陛下不严惩他已经是很宽大了，魏知古做得很对呀！"

唐玄宗见姚崇如此深明大义，克己奉公，也非常感动，就同意了姚崇的意见。

姚崇果真没有看错自己的儿子，事隔不久，他的儿子就接受了贿赂，被人告到唐玄宗那里。正好姚崇的一个部下也接受了胡人的礼品，违法了法律。这两件事被一同告到了玄宗那里。

姚崇心里很不安，为了严明法纪，他请求玄宗依法处理自己的儿子，并引咎自责，辞去宰相的职位。唐玄宗深爱这个忠心耿耿，两袖清风的老臣，再三挽留。

姚崇含泪说："老臣是不得已啊，不这样的话，又怎能维护国法，教育后人呢？请陛下成全我的心愿吧。"

玄宗见姚崇一片赤诚，便答应了他的请求。后来，在姚崇的坚持下，他的儿子和部下都接受了法律的制裁。

【解读】

对与自己毫无关系的陌生人依法办事，可谓公正；而对自己的亲人不徇私情，秉公执法，则堪称圣人。姚崇身居高位，不但不袒护自己的儿子，而且能够依法办事，在儿子违法后予以严惩，这种坚持在法律面前人人平等的精神值得每一个人学习。

朱元璋执行茶法，处死驸马

【名言】

法不阿贵，绳不挠曲。法之所加，智者弗能辞，勇者不敢争。刑过不避大臣，赏善不遗匹夫。

——【先秦】韩非

【故事】

"朝为田舍郎，暮登天子堂"，出身贫苦的朱元璋（1328～1398，1368～1398年在位）当上皇帝后，最忧心的是蒙古骑兵频繁的骚扰，还有西北边诸少数民族国家的入侵。他采纳大臣们的建议，在边关设茶马交易市场，用出产于陕南（今陕西省汉中、安康两市）和川北的茶叶换他们的马匹。100斤茶叶可换1匹上等马。

自实行茶马交易以来，每年外销300万斤茶叶，得马3万匹。3万匹马可扩充一支3万人的骑兵队伍，壮大了明朝的国防力量，又削弱了敌国的力量；满足了少数民族饮茶的需求，又增加了茶农的收入、充盈了国库，真是一举数得！

但有一年，茶叶外销呈萎缩的势头。此时，北方蒙古人虎视眈眈，明朝要扩充骑兵队伍急需大量马匹，朱元璋为此急得睡不着觉，速派铁面无私的都御史邓文去陕西、四川、甘肃等地调查茶马交易萎缩的缘由。一查便明，原来是走私盛行，一些官吏和茶商用高价收购茶叶，然后买通关隘，或仗势闯关，直接出境，交换少数民族的金钱、药材、毛皮等物，牟取暴利。

朱元璋甚为恼怒，说道："如此下去，何能制蕃人于死命，固我边防？"

于是，朱元璋便颁布诏命：凡走私茶叶者，或关隘把守不严放走走私茶叶者，一律凌迟处死。

不久，朱元璋派他的女婿欧阳伦出使西域。公主恋恋不舍，但皇命在身，也留他不得，于是千叮咛万嘱咐地送夫君上路。这位欧阳伦颇立过一些战功，他的官衔是都尉。他一身戎装，骑在高头大马上，儒雅而威武，作使者可显示大明朝的气派，朱元璋十分欣赏。朝中人都认为欧阳伦是皇帝的乘龙快婿。

欧阳伦一行人从京都出发，十几天后到了长安——丝绸之路的起点。他早就听人讲过，西域的人"宁可一日无食，不可一日无茶"，巴蜀茶在西域十分走俏，心想：何不利用职务之便，大捞一把！

欧阳伦一面在长安稍事休息，一面却派心腹管家周保去川北向地方官吏"购买"茶叶。驸马爷"买"茶，巴结尚且来不及，谁还敢收驸马爷的钱呢？周保没用多长时间，便为驸马爷搞到了50车巴蜀茶叶，沿栈道浩浩荡荡运往洮河茶马司官卡，并准备向兰州进发。至于刚刚颁布的茶法，大家认为：那是约束老百姓的，刑不上大夫嘛，能把皇帝的女婿咋样？

周保押运茶叶的事传到都御史邓大人的耳朵里。邓大人可不管你是不是驸马爷，他要对朝廷负责，对皇上负责。于是，带领精干随员跟踪追击，一直追到洮河茶马司官卡。邓大人不容分说，命令周保停运茶叶，并等候处置。

周保将50车茶叶被扣的事告诉驸马爷欧阳伦，欧阳伦当即带领一队军卒气势汹汹地赶往洮河关卡。欧阳伦根本不把邓大人放在眼里，满不在乎地说："邓大人，对大明朝使臣的车辆也要盘查么？"

"要查！"邓大人的口气十分坚决，"皇上亲口告诉我，就是一只苍蝇飞过，也要看它是只公的，或是只母的。"

"那你就试试看吧！"欧阳伦威胁道。

"欧阳大人，"邓大人鼓足勇气说道，"在下只好冒犯了。"

其实，何须查呢？50车茶叶一字儿摆在官道上，押车的健卒整装待发。邓大人不客气地说："驸马爷，您走私茶叶50车，证据确凿，下官禀明圣上，听从圣上裁处。"

欧阳伦恶狠狠地说："邓文，你有几个脑袋？"

"下官只有一个脑袋。"邓文不紧不慢地回答说。

"误了我出使西域的大事，你该当何罪？"欧阳伦厉声道。

邓文依然不紧不慢地说："理当斩首。"

欧阳伦有些着急了，反问道："那你还敢挡我出关？"

邓文说："下官挡您是死，放您也是死。前者只是砍头，后者凌迟，且祸及家人。欧阳大人，您处在我的位置该如何选择呢？"

邓御史的话说得委婉，且合情合理。欧阳伦却恶狠狠地说："如不放行，当场打死！"

说着，欧阳伦就指挥兵丁殴打巡员，强行闯关。

邓御史见驸马爷来横的，也不含糊，便将官袍拽起，和众巡员一起堵住官道，纵使被打得遍体鳞伤，也不退后半步。双方僵持了几个时辰，巡员终究敌不过军卒，50辆装满茶叶的车子破关而出，向兰州进发。

欧阳伦犯案当天，邓大人便将这位驸马爷走私茶业之事写成折子派人日夜兼程速递京师。朱元璋看罢折子，跺脚大哭，又哭又骂："欧阳伦，你这个混账东西！当了东床驸马，是少了你的吃还是少了你的穿？你哪根神经出了问题？堂堂驸马爷啥不可以干，偏偏要去走私茶叶？"

朱元璋正琢磨该如何处置欧阳伦，公主哭哭啼啼地来了，身后跟着皇后娘娘。不用说，母女俩是来为欧阳伦求情的。

皇后问道："皇上，你打算咋样处置我女婿？"

朱元璋冷冷地说："王子犯法与庶民同罪。"

皇后恳切地说："你就忍心让你爱女守寡？你可是公主的父亲、欧阳伦的丈人呀！"

朱元璋不去看她母女俩悲哀的样子，以免动摇了自己的决心，坚决地说："朕首先是大明的天子！朕不能因私废法。你俩下去吧！"

朱元璋当即从京城禁卫军中派10余名兵丁，由一个叫张山的武官带着，日夜兼程，前去兰州逮捕驸马爷欧阳伦。

朱元璋耐着性子等了十几天，张山回京都复命，还带回一颗人头。打眼一瞧，那人头面相陌生，张山说："皇上，我们去得迟了，欧阳伦已畏罪逃跑，不知去向。走私茶叶那事全怪管家周保，是他怂恿主子作科犯禁。因此下官斩下他的人头，回朝复命。"

朱元璋方才想起，张山是欧阳伦儿时的挚友，准是他提前通风报信，有意放走了欧阳伦。他也想就此不了了之，突然边关报警，来自北方的铁骑越过长城，侵犯大明边境。一报未了，二报已到。急召大臣庭议，皆言大明骑兵须扩充实力，急需数万宝马良驹，否则无力抗敌，大好河山就只好任敌人蹂躏。

庭议后，朱元璋满脑瓜子装的就是马！马！马！于是又想到茶马交易，想到刚颁布的《茶法》，于是又想到欧阳伦。

"胆大的张山，竟敢诳朕！"朱元璋大喝一声，"来人！"

张山正暗自得意，放跑了驸马爷，且将事做得天衣无缝，公主还有皇上，还不知咋样奖赏他呢！几个身形高大的健卒前来抓他，那颗得意洋洋的心一下子掉进了冰窖。面见皇上，只等着砍了吃饭的家伙。也后悔自己太胆大了，皇上是好蒙的么？只听朱元璋大喊一声："张山——你可——"

张山正准备回答"小臣知罪"，不料皇上的话转了弯。皇上说："张山，你可立了大功劳，奖赏黄金50斤。"

张山那颗悬着的心缓缓地落地了。站立一旁准备行刑的健卒愣住了：皇上咋一时糊涂了？不是令我等带人犯么？咋不杀头反而奖赏黄金50斤呢？

张山磕头如捣蒜，连连谢恩。皇上又压低声音说道："张山，那事未了，我提升你当兰州知府，让你再立新功。你心中明白？"

张山揣摩皇上的意图：大概是朝中有人怀疑皇上执法不严，有意网开一面，故让他去兰州假戏真唱，以平息对皇上不利的社会舆论。张山心领神会，再次磕头谢恩。第二天，便迫不及待地去兰州上任。

再说欧阳伦逃亡在外，两月后潜回兰州，见城头高高挂着一颗人头，细一瞧，那不是自己的人头么？摸摸脖子，项上人头仍然好端端地长在脖子之上。他猜想，准是兰州知府玩的花样，让世人相信他欧阳伦已“立地正法”，走私茶叶的这页书也就算翻过去了！不会再提了！

一打听，原来新任兰州知府是自己的好朋友张山，为保全他的性命曾通风报信让他逃之夭夭，大概为了平息社会舆论，又来个以假乱真。

欧阳伦悄悄去见张山，张山说：“驸马爷，这是皇上的有意安排。我算准了，皇上到底舍不得杀他女婿呀！”

“张山兄，我现在该咋办呢？”欧阳伦问道。

“你化化妆，速回北京，求公主救你。然后仍回兰州，隐名埋姓，等待时机，东山再起。”

欧阳伦采纳张山的鬼点子，扮成穷书生模样，回到京城。见了公主，免不了二人抱头痛哭一阵，然后卿卿我我一番。一个宫女认出了欧阳伦，于是此事当喜讯一般在宫中传遍，并传到了皇帝的耳朵里。不出朱元璋所料：欧阳伦仗着驸马爷的身份，有恃无恐，不仅潜回宫中，还胆大包天地拉上公主前来求情。朱元璋杀气腾腾地说：“将欧阳伦拿下！”

公主跪地求情，朱元璋不为所动，一声不吭。公主哭哭啼啼地去搬母后，希望母后能说动父王法外施仁。待公主和母后来求情时，欧阳伦已人头落地，魂飞爪哇国了。

那个张山也算命大，皇上说：“功不赏，过不究，哪里来，哪里去，还是回禁卫军里当武士。”

明太祖执行《茶法》动了真格的，连驸马爷也因此掉了脑袋，往后谁还敢走私茶叶呢！

【解读】

《春秋》上有“法不加尊”的说法，民间也有“法律不外乎人情”之说。如果按照这两种说法的话，欧阳伦似乎真的不用遵守茶法。一则，他是驸马爷，是社会的尊者；二则，他是皇帝的女婿，和最高统治者有“人情”。但结局如果真是这样的话，法律的尊严将不复存在，严肃性与平等性更无从谈起了。

戚继光执法不避亲，惩处娘舅

【名言】

尽忠益时者虽仇必赏，犯法怠慢者虽亲必罚。

——【三国】诸葛亮

【故事】

戚继光（1528～1588），字元敬，号南塘，晚号孟诸，明朝杰出的军事家和抗倭英雄。戚继光出身将门，自幼接受良好的家庭教育，立志为国效忠。

当时，东南沿海的倭患十分严重，北部也经常受到蒙古的侵扰。明朝建立时，日本正处于南北朝时代（1336～1392 年），南、北朝廷及守护大名除互相争战外，还不时侵扰中国沿海。北朝统一日本后，失败的南朝武士流落海上，对中国沿海的侵扰更趋严重。到嘉靖时期（1522～1566 年），由于明政府停止对日贸易，倭患达到了顶峰。

1548 年，即嘉靖二十七年，兵部主事计士元向嘉靖皇帝推荐戚继光说："此人留心韬略，奋迹武闱。管屯而俗弊悉除，奉职而操持不苟。"

首辅大臣张居正也很信任他，命其招募民兵，抗击倭寇。戚继光大喜，立即从浙江义乌募集矿工和农民，编练戚家军。此后，戚继光屡立战功，深受嘉靖帝的器重。

1553 年，即嘉靖三十二年初夏，刚刚 30 岁出头的戚继光被委任为署都拾指挥佥事，由蓟州（今天津市蓟县）调到山东半岛担负防御在沿海一带大肆骚挠的倭寇的重任。戚继光明确宣布"封侯非我意，但愿海波平"，发誓要担负起抗倭重任。

当时，明朝军队已很腐败。在山东各卫所，领饷发粮人人有份；调遣使用无人应声。军中将士懒散成风，纪律松松垮垮。戚继光来到海防前哨后，发现这里各个兵营哨所的纪律极为松弛，常常发生拒不服从军令的事。没有严格军纪的军队怎能打仗？戚继光决定对队伍进行一次彻底的整顿。

起初，尽管戚继光公布了各项纪律条规，但许多将士觉得他年纪轻轻，有些瞧不起的样子，所以违犯军纪的事情经常发生。后来，戚继光抓住几个典型狠狠地严办了一下，将士们才知道敬畏，不敢以身试法了。

但是，有个军官是戚继光的亲娘舅。他以长辈自居，并没有把整顿军纪放在心上。有一次，他私自出营喝酒，违犯军纪，造成了很恶劣的影响。

亲娘舅违犯军纪怎么办？军中将士当面缄口不言，可在背后却纷纷议论。有人说："戚将军执法严明，是不会袒护亲娘舅的。"

也有人说："戚将军对咱们管得真叫严，对亲娘舅可不敢来硬的。"

还有的人说："如果这一次戚将军不惩办他的娘舅，以后对咱们也不敢要求得太严格了。"

其实，戚继光这时心里也很矛盾。他想："娘舅违犯军纪，处分吧，别人会说自己目无长辈，无情无义；不处分吧，人心不服，这整顿军纪的事就进行不下去了。"

经过再三考虑，戚继光觉得国事应当重于家事，军纪应当高于家规。先执行军纪，再补上家规，就可以公私兼顾，做到两全其美。再说了，军纪是针对每一名军官和士兵的，岂能因为违反军纪者是自己的娘舅就网开一面呢？作为一名军事主官，一定要平等地对待每一名官兵。

想到这里，戚继光决定从他的娘舅开刀。一天，他把这个人找来，严肃地对他说："舅父，你可知道，国有国法，军有军纪！"

那人大模大样地回答："老舅我当兵多年，怎么会不知道，你也不用问我这些。"戚继光冷笑了一声，说道："那你为什么要明知故犯呢？"

那人一直以为戚继光是他的外甥，不会把他怎样，因此，仍是一副不理不睬的样子，说道："我这个军官当得好好的，犯了什么法了？"

戚继光见他一副傲慢的样子，陡然变色，一下站了起来，厉声说道："作为你的外甥，我理应尊敬你，但作为你的长官，我却不能宽容你这种目无法纪的放荡行为。你不用狡辩，违反军纪之事，我早有详细记载！"

说完，便命侍卫取出一本记事簿，一条一款地把他小舅在何时何地发生的乱纪之事念了出来。念毕，厉声问道："你可知罪?"

舅舅一下子蔫了，低声下气地哀求道："求你看在舅甥的情份上，宽恕我这一次吧!"

"不能正己，焉能正人！我宽恕了你，又怎能管教各营将士!"戚继光严正地拒绝了他舅舅的乞求，按军法规定，命伍卒将小舅拖下去打了40大板。

当天晚上，戚继光又以外甥的身分把娘舅请到家里。恭恭敬敬地赔了礼，然后十分恳切地说："您是我的亲娘舅，论辈份，我应该尊敬您，不能使您失面子；但您又是军人，是我的部下，您违犯了军纪如果不受处分，我就会号令不行，整顿军纪也会成为一句空话。您知道军队要打胜仗不能没有纪律。讲纪律就不能有私情。我的这番苦心，您老人家要谅解呀!"

听了戚继光的肺腑之言，娘舅"扑嗵"一声跪倒在地，十分激动地说："你执法不分亲疏，做的很对。请放心吧，我以后再不敢违犯军纪了。"

从此之后，戚继光在他领导的部队中建立了铁的纪律，令行禁止，大大增强了部队的战斗力，使这支称作"戚家军"的部队成了抗倭斗争中的主力。

多年后，戚继光在他的《纪效新书》中写道："赏罚军中要柄，若该赏处，就是要害我的冤家，有功也是赏，有患难也要扶持看顾；若犯军令，就是我的亲子侄，也要依法施行，决不干预恩仇。"

【解读】

俗话说"军法如山"，只要军令一出，不管是什么人，都要不折不扣地执行。只有这样，军队才能形成凝聚力和战斗力，在战争中立于不败之地。戚继光执法不避亲，惩处亲娘舅，体现的正是他平等对待每一位官兵的高贵品质。正是因为他拥有卓越的军事才华，又能平等地对待部下，戚继光才能领着他的戚家军打败倭寇，青史留名。

何叔衡尊重法律，秉公改错判

【名言】

一次不公的裁判比多次不平的举动为祸尤烈。因为这些不平的举动不过弄脏了水流，而不公的裁判则把水源败坏了。

——【英】培根

【故事】

何叔衡（1876~1935），无产阶级革命家，中国共产党的创始人之一。1921年7月，他和毛泽东一起，代表湖南省共产主义小组，到上海参加了中国共产党的成立大会，从此，他忠诚地为中国人民的解放事业奋斗了一生。

1931年，在闽赣中央革命根据地，何叔衡担任中华苏维埃共和国中央临时政府执行委员、中央检察部长和中央苏维埃临时法庭主席等重要职务。他信守实事求是的司法原则，对于犯人，要重罪重判，轻罪轻判，无罪不判，错判必纠，判决要以确凿的证据为依据。

1932年5月的一天，瑞金县基层法院报批一个案件，一个名叫朱多伸的罪犯被判处死刑。何叔衡展开案卷一看，呀，这名朱多伸已经72岁了，他侵用了一点公粮，被判成反革命罪，处以极刑。何叔衡想：该犯有没有反革命动机呢？应当进一步复审。

通过调查，何叔衡了解到：朱多伸组织过游击队，参加革命后，和国民党反动派的军队作斗争非常坚决。侵用一些公粮只属于一般的刑事罪，根本算不上什么反革命罪。于是，何叔衡改判朱多伸“监禁二年”。

何叔衡信守实事求是的司法原则，受到人民群众的拥护。但是，有些把持领导岗位的人却攻击他，说：“只有那些有意曲解苏维埃法律的阶级异己分子，或者那些崇拜资产阶级‘司法神圣’的书呆子或俘虏，才会用苏维埃法律替反革命辩护或减轻罪行！”同时，他们还把何叔衡的职务撤销了。

何叔衡受到了这么严重的处分，但是他说："我在政治上从来没有动摇过!"

【解读】

掌管司法大权必须采取审慎而稳妥的工作方针，不该杀的人，决不能杀，该杀的罪犯，也要证据确凿才能杀，决不能滥杀，决不能让法律失去严肃性！否则话，不但法律的尊严扫地，生命的尊严也将遭到践踏。

时时刻刻维护法律的平等性

【名言】

智而用私，不若愚而用公。

——《吕氏春秋》

【故事】

谢觉哉（1884~1971），中国共产党的优秀党员、"延安五老"之一、著名的学者和教育家、杰出的社会活动家、法学界的先导、人民司法制度的奠基者。谢老时时刻刻不忘法律的平等性，深受人民群众的爱戴。

1959年，年逾古稀的谢觉哉当选为中华人民共和国最高人民法院院长。他一到职就提出："法院要恢复正常审判制度，提高办案质量，做到不纵、不宽、不漏、不错。"

他还果断地废除了死刑案件用电报审批的办法，要求各省、市、自治区都要把死刑犯的案卷送到最高人民法院审核，并且提出法院的领导同志每人每年都要亲自看些案卷。从此，谢觉哉就经常挑些有疑难问题的案卷仔细审核。

1961年的一天，谢觉哉审核云南送来的一个死刑犯案卷。被告是一个50多岁的地主婆。罪状是她同本村群众一起上山采蘑菇，拿回来送到公共食堂煮熟充饥，蘑菇煮熟后别人都吃，唯独她没有吃，恰巧有几个群众食后中毒，大家就认为是这个地主婆故意采了毒蘑菇，要毒死群众进行阶级报复。

当时，我国正处在“千万不要忘记阶级斗争”的年代，地主婆进行阶级报复的罪状是很能激起民愤的。因而地、县法院判了她死刑，省法院也已经同意。眼下，这案卷就放在谢觉哉的面前。

谢觉哉看完这宗案卷，觉得疑点很多：其一，蘑菇是大家一起去采的，有谁能证明地主婆采的是毒蘑菇呢？其二，为什么有的人吃了蘑菇中毒，有的人却没有呢？蘑菇的毒性到底有多大？其三，地主婆认识不认识哪些蘑菇是有毒的？其四，如果地主婆是蓄意毒害群众，而且又认识毒蘑菇，那么，在大家吃蘑菇时，她为了掩盖罪行，完全可以挑些无毒蘑菇吃，可是她为什么不吃呢？

谢觉哉认为，在法律面前应该是人人平等的，即便是对待地主婆，在判决前也必须把这些问题搞清楚，是不应该草率从事的。因此，他把这个案卷退回云南，要求法院复查。

云南省高级法院根据谢觉哉的指示，组织人力复查此案，很快地就弄清了事实真相。原来，地主婆根本分不清哪些蘑菇有毒，哪些无毒，也找不出任何证据说明有毒的蘑菇是地主婆采的。她当时之所以不吃蘑菇，是因为去食堂之前在家里吃了自己拣的野味，肚子已经饱了。

真相大白以后，谢觉哉指示云南省高级法院：应该把地主婆的死刑改判为无罪释放。

地主婆很快被释放了。她回家后心情格外激动，十分感谢人民法院公正办案，把她从死亡的边缘救了回来。

【解读】

法律是严肃的，执法者也应当严肃执法，不能姑息一个坏人，也不能冤枉一个好人。如何才能做到这一点呢？其实很容易，只要坚持法律面前人人平等的原则，以科学的侦查方法，以客观有力的证据为依据，就能实现这一目标。

皮卡尔奋力为德雷福斯平反冤案

【名言】

不能有两种纪律：一种是工人的纪律，一种是要人的纪律。纪律应当只有一种。

——【苏联】斯大林

【故事】

1894年12月，皮卡尔少校作为法国陆军部部长的观察员，参加了军事法庭对德雷福斯进行的秘密审讯。

德雷福斯是法国陆军总参谋部的实习军官。由于反间谍处副处长亨利把截获的一封便笺栽赃到他的头上，于是便指控他向德国驻法使馆的武官提供了国防机密情报，犯了间谍罪和叛国罪，准备从重判刑。

皮卡尔在庭审中听了德雷福斯的陈述，又仔细审阅了亨利提供的物证，尤其是看了那封便笺后，认为此案证据不足，很难成立。他把这种看法立即报告了陆军部长。

但是陆军部长出于纯政治目的，竟与亨利狼狈为奸，又给德雷福斯编造了一些罪名，迫使军事法庭给德雷福斯判了无期徒刑。

一年以后，已升为中校的皮卡尔出任反间谍处处长。他在一个偶然的机会里发现了一封德国使馆武官给法国军官埃斯特拉齐写的信件，并按照惯例调阅了埃斯特拉齐的档案。从中发现埃斯特拉齐的字迹和德雷福斯案中那张便笺的字迹完全一致。这就可以断定：埃斯特拉齐就是写那封便笺的人，而德雷福斯是被冤枉的。

皮卡尔把这件事报告了陆军部，并建议重审德雷福斯案件。但陆军部为了保持军队“一贯正确”的形象，竟然指示皮卡尔不得将真相外露。皮卡尔作为一个正直的军人，坚决反对这种作法。他虽然和德雷福斯素昧平生，但良心驱使他一次又一次地劝说陆军部当局尽快纠正错案。陆军部不仅没有接受他的意见，反而免去了他在反间谍处担任的职务。

“我再坚持己见肯定会遇到更大的压力。但是我绝不能昧着良心，对已知的真相缄口不言。”皮卡尔暗暗地对自己这样说。

很快地，皮卡尔顶着压力向社会公开了德雷福斯案的真相。指出德雷福斯是被冤枉的，埃斯特拉齐才是真正的间谍。

新任的陆军部长因此大发雷霆。他虽然心里也知道德雷福斯案是判错了，但是为了维持军队的形象，他竟然利用手中的特权，指控皮卡尔犯了“诬告罪”。皮卡尔因此被开除了军籍。

皮卡尔并不因此退缩。他为了伸张正义，直接给法国总理写信，替德雷福斯鸣冤。这时，法国已掀起了声势浩大的援救德雷福斯的群众运动。在这种形势下，法国陆军部通过核实“罪证”，逮捕了制造伪证的亨利。陆军部的三名将军也为此引咎辞职，而真正的间谍埃斯特拉齐则畏罪潜逃英国。

1899 年 8 月，军事法庭重新开庭审理德雷福斯案件。因为还有上层人物从中作梗，所以德雷福斯仍然被判有罪，只是把刑期大大地缩短了。

此后的 7 年中，皮尔卡更加坚定地为完全平反德雷福斯冤案四处奔走。又经过许多曲折，法国最高法院在 1906 年 7 月终于宣布德雷福斯无罪释放。这样，在各界人士的支持下，皮卡尔实现了为德雷福斯冤案平反的目的。他很快地被晋升为准将，担任了法国的国防部长。

【解读】

法律面前人人平等，不但意味着公民在享有权利和承担义务时处于平等的地位，不允许任何人有超越法律之上的特权，还意味着任何人，不论其身分地位如何，都不能践踏法律的尊严。那些为了自己的私利或不可告人的目的，歪曲事实，玩弄法律者终将接受历史和人民的审判。

珍爱大自然，人与自然平等共处

工业革命以来，以文明自诩，却又无限扩张为所欲为的人类，已使数百种动物因过度捕杀或丧失家园而遭灭顶之灾。当地球上的最后一只老虎在人工松林中徒劳地寻求配偶，当地球上最后一只苍鹰从污浊的天空坠向大地，当麋鹿的最后一声哀鸣在干涸了的草泽上回荡，人类将看到自己的结局……

大自然创造了人类，人类只是大自然的一部分，而不是大自然的主人。过去的很多事实已经说明，人类只有珍爱大自然，把大自然当成朋友，与其平等相处，才能得到大自然美丽的馈赠！

善待自然就是善待人类自己！

舜帝心地仁善，不鞭打耕牛

【名言】

人只有按照自然所启录的经验来生活。

——【德国】叔本华

【故事】

据说，唐尧年老的时候决定物色一位德才兼备的人来继承自己的位置。有人向他推荐说："舜是个好人，既孝顺，又仁慈，还有智慧。"

唐尧决定给舜一次机会。不过，他想要在召见舜之前，先亲自考察一下这个年轻人。唐尧便朝着舜家乡走去。

一天，尧来到山坡上，看到两个青年人在坡地上耕地。一人扶着犁耙，一人手中拿着一只小小的簸箕，不时地在簸箕上"咚咚"地敲两下。

尧很不理解，就上前问道："小伙子，你们俩这是在干什么呢？"

"我们正在犁地哩。"那个敲簸箕的青年人马上热情地回答。

"我还从来没有看到像这样犁地的，别人总是手中拿着鞭子驱赶牛耕地，你们是不是没有牛鞭了，所以就拿这种簸箕当牛鞭？"尧还是大惑不解地问。

"哦，您不知道，我们两人已经犁了大半天了，这一大片耕过的地都是这头牛拉的犁。牛很累了，我们实在不忍心再拿牛鞭来抽打牛，所以我们就用这只簸箕换了牛鞭。敲打簸箕的'咚咚'声照样可以使牛拉犁往前走，而牛不再受那种被抽打的皮肉之苦了。"那个青年人很认真地说。

"哦，我明白你的用意了，原来你们是为了保护耕牛。你们做得很好，耕牛虽然是畜生，但也是我们的好朋友，没有它，我们就没法耕种了。"尧感到这两个年轻人心地很善良，又能出好主意，真是两个人才。尤其是刚才说话的青年人不仅心地好，说起话来头头是道，而且眉宇间有一股英武之气。尧心想：“这个年轻人真不错，不知道舜有没有他这么仁慈。如果找不到舜，就让他做我的接班人吧！”

正在这时，从山坡的那边走过来一个头发斑白的樵夫，那樵夫挑着一担子柴薪，看上去很累的样子。那位敲打簸箕的年轻人立即放下了手中的活计，对另一个人说：“你该休息一会儿了，牛也该休息一会儿了，我到那边去帮助那位老人把柴薪挑下山了再来犁地。”

说完，年轻人就跑过去帮助那个老人挑柴薪去了。年轻人一直将担子挑过了一个山头才回转身来。

尧问那个蹲在地头上休息的年轻人：“帮助老人挑柴薪的人名字叫什么？”

那个年轻人脸上露出一副佩服的神情，回答说：“他的名字叫舜，是我们这儿后生中的榜样，他不仅勤劳、勇敢，又有好心肠，我们都非常喜欢他。这不，你瞧，这是他今天帮助的第三个人了。”

尧捋了捋自己的花白胡须，心中好像悟到了什么，连声说：“原来他就是舜啊！”

舜回来后，尧拍了拍他的肩膀，赞赏地说：“我找的就是你这样的接班人啊！我看到了你不肯用鞭子抽打牛，说明你的心地善良，能够与自然平等相处；你用簸箕替代鞭子，说明你的智慧高，能够想到好办法保护百姓；你帮助老人挑柴薪，说明你的品德好，愿意帮助别人；我刚才还听了你的同伴夸奖了你，说明你的人缘也不错。所以，我决定让你做我的接班人。”

由于尧的赞扬，舜在部落里的名声越来越好。果然不久在尧的提议下，同时也是在部落人的推举下，舜继承了尧的位置，做了部落首领。

【解读】

人与动物共同生活在地球上，都是地球的主人，本应平等相处。而且，大多数动物都是人类的朋友，为人类的生存和发展作出了许多贡献。比如，在古代科技不发达的情况下，牛马等动物是人类使用的主要畜力。即便是科技发达的今天，在一些偏远山区，依然有一部分人使用牛马当畜力。

西伯昌不设围场，不伤鸟兽

【名言】

我们对环境的反应决定了我们的感受。

——【美国】戴尔·卡内基

【故事】

周文王姬昌（公元前1152年～前1056年）本是商朝西岐的西伯，即西方诸侯之首。在没有建立周朝之前，人们称他为西伯昌。西伯昌治国，注意发展生产，体恤百姓艰辛，很得人民的拥护和爱戴。人民群众说他的恩德比山还重，连花草树木和飞禽走兽都能够感受到。

有一次，西伯昌要带着自己的文武大臣们到城外去了解民情。有一个名叫散宜生的上大夫出了一个主意，对他说："大王为天下日理万机，明天好不容易有点空闲出去轻松一下，我让两位大将已经做好了准备，在都城的南门外围成了一个猎场，大王可以一边了解民情，一边围场打猎，也好体现一下我朝君民同乐的升平景象。"

西伯昌听完，想了想，没有表示反对。

第二天，周文王带领文武大臣出了南城门，来到了猎场。只见大臣们手中拿着钢叉利剑，带着黄鹰猎犬，非常威风。一会儿，大家在猎场周围布成了罗网。

西伯昌骑在骏马上，看到猎场里有各种各样的野兽和飞禽，心中想到，只要一箭射出去，肯定可以让那飞禽从天空中掉下来；一叉投出去，肯定可以让那狡兽倒在地上。这时，有左右递来了弓箭和钢叉。

可西伯昌将弓箭和钢叉放在了马背上，不忍射猎。他问身边的散宜生说："这儿原来没有围场，现在为何将围场设在此地？"

散宜生在马上欠了欠身子，很快回答说："这里的围场已有好几年了。平时不准任何人来这儿打猎，专等大王的到来。所以这儿的野兽珍禽很多。今日大王出城访民疾苦，正好顺便射猎，让大王的心情畅快一下；大臣们久在禁中，也可以跟着大王行乐一番！"

西伯昌听了散宜生的话，没动声色，对大臣们问道：“大夫散宜生说的对吗？”

随从们看到大王已要动手打猎了，哪敢败大王的兴致；况且自己好不容易有这一次与大王同猎的机会，岂能放过去。就同声回答说：“大夫散宜生说得极是！”

西伯昌的脸上陡然变得异常严肃起来，对大臣们大声说：“大夫说错了！你们都跟着错了！”

大臣们一听，人人面面相觑，以为西伯昌在说着玩儿的。只听他继续说道：“现在正是万物发舒的时候，我们怎么能随意捕杀取乐呢？过去我们的祖先伏羲帝从不打猎。有一次，伏羲的首相风后拿了一只野兽去献给伏羲享用。而伏羲对风后说：‘现在人们吃的荤腥都是动物的肉。人们为了自己能够有美味的东西吃，有可口的东西喝，就打猎以动物的肉为食，以动物的血解渴，以为这才是滋养之道。而不知那些野兽也是我们人类的朋友，我们去猎杀它们，于心何忍！’所以伏羲教育他的大臣们不要去打猎伤生。我今日也要像伏羲那样，宁可食五谷杂粮，不愿吃这禽兽的肉。让这些珍禽异兽随其天性在这儿生活下去，彼此之间无伤无害，以养天和。”

最后，西伯昌没有在围场打猎，而是带着群臣到民间访民疾苦去了。后来，他又派人将这个围场撤除，号令文武百官不要滥杀飞鸟走兽。

西岐臣民在西伯昌的倡导下，在限制打猎的同时，大力发展农业生产，日子一天天好了起来。因此，西岐迅速强大起来，到了西伯昌的儿子姬发执政的时候，西岐以其强大国力再加上各诸侯国的拥护，打败了东方的商纣王，建立了一个新兴的王朝——周朝。

姬发就是历史上著名的周武王。周武王登基的第一件事情就是追封他的父亲西伯昌为周文王。

【解读】

现代生物学已经证实，每一种生物在大自然中都有其独特的功能与价值。无论是哪一种生物受到伤害，整个大自然就会受损，自诩为万物之灵的人类也会遭受损害。从这个意义上说，与大自然平等相处，保护动植物，就是保护人类自己。

里革割网匡君，保护自然资源

【名言】

天地为父母，父母为天地。

——【明朝】王阳明

【故事】

里革（生卒年不详）是春秋时期鲁国的大臣。有一年夏天，鲁国的国君鲁宣公带了一些随从到离首都不远的泗水去捕鱼。众人来到河边，选了一处水深流缓的地方下网。

鲁宣公正要亲自把网撒下去。突然来了一个人，一把抢过鲁宣公手里的鱼网，二话没说，扯了个稀烂，扔在了地上。

来人是这样急急忙忙，以至鲁宣公和他的随从还没有醒过味儿来，他的动作就完成了。鲁宣公的随从们当然怒不可遏，这还了得，竟敢撕国君的鱼网？

可他们看到撕网的人不是寻常百姓，而是当朝大夫里革，也就不好冒然发作，大家一个个都望着脸色尴尬哭笑不得的鲁宣公，只等他一句话，便可以一齐上前，把里革撕了扔到河里去喂鱼。

没等鲁宣公说话，里革走到鲁宣公面前，先开了口。只听里革激动得声情并茂地对鲁宣公说："古时候规定，大寒以后，藏伏在土里的昆虫才振作起来，掌管川泽禁令的水虞向人们讲习使用网钩捕鱼的方法，捕捉大鱼大鳖，拿到庙里举行祭祀，然后再让老百姓照着去做，这是帮助阳气上升；春天，鸟兽即将繁殖，鱼鳖正往大里长，掌管鸟兽禁令的兽虞便禁止人们使用兽网、鸟网之类的工具去捕捉鸟兽，只打一些大鱼来制作夏天用的鱼干，这是为了确保鸟兽的正常繁殖；夏季，鸟兽长大了，鱼鳖要繁殖了，水虞便禁止用细网捕食，只是设置陷阱捕禽兽，用来作供祖宗的贡品和宴请宾客，这样做只不过是有备无患而已。况且，古时就有规定，山上再生出来的树条不应再砍，湖中未长高的水草不得去割，捕鱼不能连小鱼一块儿捕上来，捕兽不能捕猎小兽，应该让它们长大，要鞠育鸟雏、保护鸟卵以使它们长成，捕蚂蚁和蝗虫也要留下它们的幼虫。让万物繁衍生息，这是自古就有的规定。”

说到这里，里革竟用手指着鲁宣公说，“现在鱼刚好在孕育，您不叫鱼鳖繁衍生殖，又撒网捕捉，简直是贪得无厌！”

里革的这一番话，直说得鲁宣公的脸红一阵白一阵，不住地撇嘴。鲁宣公的那几个随从们暗自幸灾乐祸，心说，好你个里革，你撕了网不说，还敢点着鼻子指责国君，这不是老虎嘴上拔毛吗？哼，你别神气，只要鲁宣公一句话，管叫你这辈子再也神气不起来，说不定连你的小命也得搭上。

里革说完，大家面面相觑，都望着鲁宣公，许多人的眼神里似有为鲁宣公打抱不平的意思，甚至有人都做好准备，只等主子一声令下，便把里革拿下。

鲁宣公却低下了头，好半天没说话。过了一会儿，鲁宣公忽然抬起头来，把里革拉到自己的身边，说：“我有错，里革给我指出来了，这很好嘛。这条破网真好，它给我带来了古人之法。你们给我把这条破网好生保存起来，让我永远不忘记它。”

【解读】

这个故事告诉我们，与自然平等相处，保护自然资源是自古以来形成的惯例，并不是从现在才开始的。春秋时期，生物资源保护的范围相当广泛，不仅包括草木鸟兽鱼鳖这些与人们生活关系十分密切的生物资源，甚至还包括蚂蚁和蝗虫之类的昆虫。由此可见，我们的祖先对环境保护，尤其是生物资源的保护是多么重视啊！

达尔文和他的生物进化论

【名言】

自然不掺杂半丝人情。谁抵抗它，谁就被一脚踢开；谁顺从它，谁就承受其恩典。

——佚名

【故事】

达尔文（1809~1882），英国生物学家、生物进化论的创始人。他提出的生物进化论被誉为19世纪自然科学的三大发现之一。

达尔文出生在英国的希鲁斯伯里市。他的父亲是一位有名的医生，19岁时就获得了医学博士学位。母亲虽然出身于名门，但自从嫁给达尔文的父亲以后，便心甘情愿地做起了家庭主妇。

达尔文在家排列第五，从小受妈妈的教育很多，妈妈常常带着他和妹妹到河畔散步，让他们接触大自然。在妈妈的介绍下达尔文知道了大自然里有鲜花、小草、大树、蜻蜓、蜜蜂、蚂蚁……

每当他们散完步回到家里以后，妈妈总是会教他们写这些字，渐渐地达尔文对大自然非常的热爱了。

8岁那年，父亲把达尔文送进了学校。老师总是教他们读枯燥无味的《圣经》，达尔文对此厌烦极了。他给祖父写了一封信，他告诉祖父非常想看他的有关植物和动物的书。达尔文的祖父收到这封信以后，便叫人送了一些书给达尔文。在祖父的支持下达尔文读了许多有关自然科学的书籍。

读了这些书，达尔文对大自然更是迷恋了，他经常利用课余时间去捉昆虫，收集各种各样的矿石。由于对《圣经》不感兴趣，他的学习成绩很差，后来父亲只好把他转到了一所纪律比较严格的文法中学去读书。

上了中学的达尔文胆子更大了，他常常独自一个人来到森林里听各种鸟儿叫，并且他还把这些鸟的叫声记录了下来。

在中学，达尔文的学习成绩仍然不见起色，这时候，父亲决定送他去学医。可是达尔文对医学一点儿兴趣也没有，他要求父亲送他去学植物学和动物学。懂得医学的父亲没有同意达尔文的要求。1825年，达尔文便离开家乡，进入了爱丁堡大学医学院。

大自然的魅力给达尔文留下的印象太深了！所以，进了医学院的达尔文仍然热爱动植物学，他继续对动植物进行研究。他经常和好朋友们出外旅游，在旅游中他同样忘不了收集大量的标本。在爱丁堡大学里达尔文仍然不好好学习，他的父亲知道这个消息以后，把达尔文叫回了家，当着兄弟姐妹们的面，父亲生气地教训了达尔文："你成天游手好闲，东游西逛，你为什么不好好学医，把我这个事业接下来呢?”

达尔文回答说：“爸爸，我在学校里一点儿也不游手好闲，我不管什么时候，都比别的同学忙，我不想学医，那是因为我一点儿也不喜欢它。”

兄弟姐妹们也七嘴八舌地帮着达尔文说话，父亲没有办法，但也不让步。他给达尔文请来一位家庭老师，让达尔文补习拉丁文，然后准备考剑桥大学的基督学院。因为父亲希望达尔文能选择一个好的职业，以后有较高的收入。

达尔文问道：“爸爸，你为什么总让我学自己不感兴趣的东西呢?”

父亲心平气和地说：“我得对你负责，你现在不听我的，将来你会后悔的。”

为了听父亲的话，达尔文学会了拉丁文和希腊文，这一年达尔文又考进了剑桥大学的基督学院。在剑桥大学里，他认识了通晓各门学科的亨斯罗教授，达尔文便成了亨斯罗教授家里的常客，他常常跟亨斯罗教授在一块研讨自然科学中的许多问题，并选修了亨斯罗教授的植物学。每周他都和几个学生跟着亨斯罗教授到野外去采集标本。

1831 年的夏天，达尔文完成了剑桥大学三年的学习生活回到了家乡。一天，正在花园里散步的他收到了亨斯罗教授的一封来信，信中说，有一艘叫做“比格尔”号的船要出海去航行，舰长很想找一位愿意自费出航的自然科学家出海考察。如果达尔文愿意去的话请他与“比格尔”的舰长联系。

达尔文接到这个消息以后，很快便跟“比格尔”的舰长取得了联系。1831 年 12 月 27 日，“比格尔”号出海了。考察期间，达尔文历尽千辛万苦，跋山涉水，进入深山密林，采集标本，挖掘化石，从来“没有偷闲过半个小时”。他在物种变异事实的教育和启发下，逐渐对物种不变论产生了怀疑。特别是在南美洲亲眼看到的种种事实，对他产生了深刻的影响。整个南美洲自北而南，同类动物有不同的特征；加拉帕戈斯群岛上的同种动物也不完全一样。物种不变论对这些事实再也解释不通了。

1836 年，达尔文满载而归，开始集中整理他在考察期间所写的日记和采集的标本，将婚事也放在一边去了。他还参与了培养动物新种实验、杂交实验，并由此联想到大自然也存在“自然选择”，即适者生存，不适者淘汰。他又研究了胚胎学、解剖学各古生物学的最新成就，还搜集了中国古代有关人工选择的方法和原理的大量资料，作为他的进化学说的佐证。

这次旅行，使得达尔文发现了生物的进化过程，从而推断出了人类是由海洋生物发展而来的动物。1858年，他便开始着手写作《物种起源》。一年后，科学巨著《物种起源》出版了。它以充分的事实令人信服地证明了“物种不是不变”，“一切生物都不是特殊的创造物”，而是由少数几种生物进化而来的，由此可以推知人类的起源，并且提出了自然选择学说来解释生物的进化。

这本巨著从根本上推翻了“神创论”和物种不变论，有力地打击了“目的论”，第一次把生物学放在完全科学的基础上。它像一颗炸弹一样投到了“神学阵地的心脏上”。

达尔文的一生都与大自然不可分割，他的理论无论是在生物学领域，还是在思想界，或是在农业生产和园艺实践中，都产生了巨大的影响。

【解读】

大自然虽然就在我们身边，但却深邃莫测。热爱大自然的人能从自然中得到启示，漠视大自然的则毫无发现，破坏大自然的人必然会受到它的惩罚。热爱大自然，平等地与其相处，大自然也会以平等的态度对待我们的。

巴浦洛夫与其自然科学之路

【名言】

我们违背大自然的结果是，我们破坏了自然景观的美，自然动态的美和天籁的美。

——【美国】诺曼·卡曾斯

【故事】

巴甫洛夫（1849~1936），俄罗斯著名的科学家和生理学家。他在消化生理学和高级神经活动生理学领域都取得了重大成就。凭借这些成就，他成为了世界上第一个获得诺贝尔奖的生理学家。

巴甫洛夫出生在俄国中部的梁赞城的一个贫苦的牧师家中。他自幼活泼贪玩，一次爬到阁楼上偷吃苹果不小心摔了下来。在接下来的一段时间里，他身体瘦弱，面色苍白，但因家境贫寒，看不起医生，只能用一些土法子调治。但病情不见好转。幸好他的教父来到他家做客，见到他病情严重，决定带他回修道院里去疗养。

在修道院里，他的教父不仅为他制定了营养丰富的食谱，而且还让他每天到菜园里去劳动一个小时。不到半年，他的身体就变得非常结实了。也是在这一段时间里，他的教父教给了他辛勤工作和简朴生活的态度。

从教父那里回到家中后，巴甫洛夫完全变了一个人，他放学回来后，主动帮助家人干活，干完了活也会很自觉地捧上书读起来，每天晚上都是在父亲的催促下才肯放下书本去睡觉。

上了三年学以后，巴甫洛夫以优异的成绩升入教会中学。在教会中学里，教学内容主要是教学生学习宗教知识，在这里，他除了对图书感兴趣外，对于老师上课的内容，一点兴趣也没有。

有一次，他在图书馆里读到了一本关于讲解人体生理结构的书，他在这本书里发现了许多新奇的道理，当他把这本书读完以后，他再也不相信上帝了。

巴甫洛夫家的邻居图哈良大爷独自一人住在一个很大很大的房子里。因为孤独和寂寞，图哈良大爷养了一条大狼狗，非常凶狠，图哈良大爷担心它咬着经常从这里过路的小孩子，于是用铁链子把这条狼狗整天拴着。

这条狼狗只要一听到外面有一点点动静，就会大叫个不停，它的叫声常常把孩子们吓得从图哈良大爷家门前跑过。

有一天，图哈良大爷把那条大狼狗拴在了门前的大树底下，然后自己躺在一把摇椅里晒太阳。巴甫洛夫和一伙孩子正好从这里经过。听到孩子们的声音，大狼狗便“汪汪”大叫起来，孩子们看见那条平时凶恶的大狼狗，吓得扭头就跑。而小巴甫洛夫却一点也不害怕，他走到这条大狼狗的身边。

图哈良大爷关切地说："孩子，退远点，小心它咬着你。"

巴浦洛夫说："哈哈良图大爷，你为什么不把它的铁链子给解下来呢？"

图哈良大爷说："这条狼狗很凶，我怕它咬着你们这些整天来森林里玩的孩子。"

巴甫洛夫说："如果你把它的铁链子给解掉以后，我想它就不会再这么凶了。"

巴甫洛夫一边说着，一边走到了这条大狼狗的身边。十分奇怪的是，小巴甫洛夫离那条大狼狗越近，那条大狼狗就越不叫唤了，并且还十分友好地摇摇尾巴。小巴甫洛夫同情地把那条大狼狗的铁链给解了下来，然后摸了摸大狼狗的头，大狼狗听话地围着小巴甫洛夫转了两圈，便跑到主人的身边去了。

图哈良大爷赞赏地说："嘿，你这小子还真有两下子。"

巴甫洛夫说："我从书上得知，狗是很聪明的动物，它和我们人类一样，有丰富的感情。如果我们友好地对待它们，它们也会友好地对待我们的。"

有了思想的巴甫洛夫向父亲要求去上彼得堡大学，父亲却很担心地问："你将来干什么职业呢？"

巴甫洛夫回答道："我想研究人体科学！"

于是巴甫洛夫离开了家乡，他以很好的成绩考上了彼得堡大学。由于家庭贫困，学校免掉了他的学费，但贫困却促使巴甫洛夫更加勤奋刻苦地读书。

在大学里，巴甫洛夫用十年时间攻读完了生理学、医学等课程，获得了博士学位，为后来的科学研究铺平了道路。1904 年，由于他在研究消化生理学方面的突破性发现而获得了诺贝尔生理学和医学奖。

【解读】

和我们人类一样，大自然也有它的脾气。人们把大自然的脾气称为自然规律。与大自然平等相处，光有态度还是不够的，还要掌握一定的方法和方式。掌握科学知识，顺应大自然的规律是最基本的原则。

热爱大自然，与自然融为一体

【名言】

在自然法则面前，人人都是平等的。

——佚名

【故事】

洪堡德，德国人，近代气候学、自然地理学、植物地理学和地球物理学的创始人之一。植物生态学、等温线等理论和概念就是他首先提出来的。他在科学界享有极高的声誉，被当时的人们尊为“现代科学之父”。

洪堡德之所以能够取得如此伟大的成就，很大程度上得益于他对自然的热爱。他自幼喜欢冒险，喜欢以平等身份进入大自然，去研究各种自然现象。1800 年 2 月初，洪堡德和好友邦普朗离开加拉加斯，开始了他们在南美洲内陆的旅行考察。

在热带雨林里，高大多层的乔木、茂密而矮小的灌木、铺满地面的草本植物以及缠绕于乔木茎干上的藤蔓，简直交织成一片绿色的屏障，要在这种地方行进，那是十分困难的。但是，对洪堡德来说，这种地方却正是观察热带雨林景象和探索大自然奥秘的最理想地区。

洪堡德到这里来并不是为了好奇，他的目的是进行科学考察，他准备写一本“有关科学而不是有关个人”的游记。

洪堡德和伙伴们在密林中穿行，留心观察周围的一切事物。他们看到许多在欧洲从来没有见过的奇异植物，隐匿于密林中的凶猛野兽也时刻准备袭击闯进这块处女地的不速之客。

有一次，一只美洲虎就在他们身后跟了好长时间。河岸边的沙滩上，还可以见到一群群张着大嘴晒太阳的鳄鱼。夜晚，他们就在森林中过夜，在露营处的周围燃起火，驱开毒蛇猛兽。

在密林中旅行，河流是最畅通的道路，在蜿蜒穿流于丛林中的水道上航行，比起在密林中徒步或骑马行进要顺当得多。在洪堡德的旅程中，就有很长一段是在航船上度过的。他们乘坐独木舟或一种独特的小船，这种小船是印第安人用树皮制作的，船身很小，船尾还有一个用树枝和树叶搭盖的小舱。如果躺在船板上，舱顶只能遮住人的半截身体，下雨时下半身就要被雨水淋湿。要是赶上下雨，在这种小船上可真够受罪的！

在热带丛林中的河流上航行，也是很不安全的。在很宽的河面中，经常有大的风浪；在河面狭窄的地段，水流又十分湍急，行船会更加艰难，随时都有覆舟溺水的危险。河两岸都是阴森森的密林，河中鳄鱼出没，水面上蚊子成群。

旅途中虽然充满了困难和危险，洪堡德却感到很快活。在整个旅行过程中，他一刻也没有停止过自己的工作。他们沿途搜集各种植物标本，并把一些奇异的动物和鸟类弄到船上，使小船载满了各式各样的奇怪“乘客”。

当暴风雨即将来临的时候，在这些“乘客”中就会引起一阵骚动：鸟发出惊人的狂叫；巨嘴鸟拼命要冲出鸟笼，以便追捕在暴风雨来临前跳出水面的鱼儿；小猴子却一个劲地往人们衣服底下钻，想找个逃避风雨袭击的“避难所”。

洪堡德总是像对待朋友那样，对待这些奇怪的“乘客”。他一会儿吹口哨逗逗小鸟，一会儿摸摸小猴子的脑袋，安慰它们的情绪……

1800 年 4 月的一天，当洪堡德等人正在河上航行的时候，一场暴风雨突然来临。狂风呼啸，大雨倾盆，乌云低低地压在头顶，宽阔的河面上顿时浪涛滚滚。小船在波浪间上下颠簸，船舱中的印第安人向导和船工，认定小船很快就会沉下去，都纷纷跳下船向河岸游去。船上只剩下洪堡德和邦普朗两个人，风浪越来越大，情况十分危急。

邦普朗对洪堡德说：“小船随时有可能翻沉，我们也赶紧游上岸去吧。”

洪堡德看了看自己的同伴，坚定地摇了摇头：“不成！这些小生灵既是我们的考察资料和标本，也是我们的好朋友。我们一走，一切都会毁弃，付之流水。”

河水已经爬上船舷，风也越来越大，一场船覆人亡的惨剧眼看就要发生。邦普朗望着自己旅伴那坚毅而有些忧虑的脸，焦急不安地说：

“我不能让你在这只危险的船上再待下去，我背你游到岸上去。”

洪堡德被邦普朗的深情厚谊所深深感动，他感激地握着邦普朗的手说：“谢谢你！不过我不能拖累你，这样大的风浪，背着我，你也会游不动的。”

洪堡德又指着隐没在雨幕后面的黑黝黝的森林对同伴说：“离开船就没有危险吗？你看，那河边的鳄鱼、密林中的猛兽也在盯着我们呢。船不能丢，资料也不能丧失，我不能离开这条船。”

邦普朗被雨水淋湿的脸上又流淌着激动的泪水，他对洪堡德说：“既然这样，不管有什么危险我也和你一同待在船上。”

风雨飘摇的小舟上，这一对志同道合的好友紧紧地挨在了一起。不一会儿，风雨就停了，洪堡德和他的朋友们都安全了。

【解读】

自然科学研究不但需要坚忍不拔的毅力和孜孜以求的精神，更需要一颗热爱大自然的心灵。只有那些热爱大自然，以平等的态度对待大自然，将自身融于大自然之中的人才能发现自然的奥妙，印证自然的真谛！

人和野兽并不是永远的仇敌

【名言】

人对自然不应当是统治者，应当是调整者，甚至是贡献者。

——【日本】池田大作

【故事】

加拿大北部位于北极圈内的地方，居住着爱斯基摩人，他们喜欢驾着狗拉雪橇奔驰在茫茫雪原上。一年的夏天，雪原上常有狼群出没，而且狼群还多次偷袭村落，一时间人心惶惶。特别是那只被人们叫做伯罗的大灰狼，更是凶猛异常，被称为狼王。

北极的夏天没有黑夜。这天有两个猎人驾着9条挽犬拉的雪橇奔驰在广漠的雪原上。那是远近闻名的猎人艾克科和他的助手。艾克科非常勇敢，对自己的雪橇队充满了信心。这是一支强大的雪橇队，头犬叫尤加，是一头3岁的雌犬，它披着一身雪白光洁的皮毛，两耳像削尖的竹片，眼睛清澈透亮，奔跑起来如离弦之箭，没有一只狗能赶上它，而且它对主人也非常忠心。

但是艾克科这一次运气并不佳。出发的第三天，雪橇队遭到了狼群凶狠的袭击，尤加领着别的狗拖着主人不停地奔跑，想从危险的境地中冲出去。可是艾克科他们这次碰上的是猎人们谈之色变的那一群狼，领头的正是狼王伯罗。

尤加等顽强的抵抗更激起了它征服的欲望，因为它还没有碰上过这样的对手。雪橇队在冰天雪地里奔跑了很久，最后人和犬都已筋疲力尽，不得不停下来休息，可是狼王已经率领着狼群追了上来。

逃跑已经来不及了，艾克科决定将生存的机会让给助手，让他回村求救，自己则留下来阻击狼群。他将狗分成两批，把还能跑的狗让助手带走，他不忍心它们都丧身狼口。

可是聪明的尤加不肯弃主人而去，它呜咽着咬住主人的裤脚，想拖着他一起走，艾克科只好把尤加留了下来。然后，他生起篝火，将剩下的狗集中起来摆成半圆形阵势，英勇地对付狼群的轮番进攻。

当助手带着村里的人们赶来时，艾克科和他的狗已全部遇难，现场惨不忍睹。从此，人们对伯罗率领的狼群充满了刻骨的仇恨。奇怪的是，那次血战以后，伯罗的狼群不再像以前那样频繁地袭击爱斯基摩人的村落了。

有一天，一个猎人又不幸地遇到了那群狼，他想这下不可能活着回去了，就下了必死的决心，准备与狼群血战到底。可是，那只狼王看了他几眼后，突然领着狼群掉转方向走了。这时，他才注意到狼群中有一只“狼”白得耀眼，再仔细一瞧，那只“狼”还频频回头看自己，并发出了叫声，那分明是尤加！它为什么和凶恶的狼混在一起呢？它背叛了死去的主人吗？可是冥冥之中，他又觉得尤加不会。

猎人很快把这件事告诉给了村民，人们对尤加的遭遇充满了猜测。随着日子一天天过去，他们发现伯罗的狼群再也没有来袭击过村落。或许，是尤加在狼群里起了作用吧。

第二年，有个猎人偶然中发现狼群里出现了一只全身雪白的小狼，大家惊奇地悄悄叫它“白雪”。他们断定这是尤加和狼王伯罗的孩子，因此“白雪”其实是一只狼犬。不久，人们还发现在同辈狼崽中，能同“白雪”争强比胜的只有一只黑色的狼，猎人们叫它“黑球”。不久，在一次意外雪崩后的废墟里，爱斯基摩人发现狼王伯罗死了。很快，狼群分为两派：一派的首领是“黑球”，另一派则跟着“白雪”。

又一个春天来了，老人帕利克带着两个族人出了门，准备猎取驯鹿。可怕的是，“黑球”却带着猎食的狼群盯上了他们。接着所有的狼开始轮番进攻，猎狗很快一只只地被撕咬而死。战斗到最后，帕利克也弹尽力竭了。

狼群开始一步步逼近，老人长叹一声，自认必死无疑。就在这时，“白雪”带着它的狼群出现了，尤加突然发出一声怒吼，狼群马上停止了进攻，只有“黑球”似乎还蠢蠢欲动，“白雪”马上冲了过去，龇牙咧嘴地对着它咆哮，“黑球”只得灰溜溜地退到一边。

帕利克惊喜万分地抚摸着尤加的头，轻轻地说：“谢谢你，老伙计！”

原来，他是艾利科的朋友，尤加显然还记得他。这时“白雪”蹭到尤加身边，亲昵地摩擦着父亲的身体。刚才还充满了血腥味的战场一时静了下来。

就在这时，不甘心到手的猎物又跑掉的“黑球”猛然呼啸一声，向帕利克扑了过来。尤加发现后立刻冲上去挡住“黑球”的进攻。谁知急红了眼的“黑球”突然反过来在尤加的背上猛咬一口，顿时鲜血淋漓。

“白雪”看到父亲受伤，马上一声怒吼，扑向了“黑球”。“白雪”和“黑球”不停地撕咬着，拼杀着，都红了眼，一直斗得天昏地暗，血把它们的背都染红了。

“白雪”抓住机会终于咬住了“黑球”的咽喉，并狠狠地咬了下去。一声长啸后，“白雪”从血泊中站了起来，狼群响起一片欢乐的吼叫声。“白雪”以自己勇敢的战斗作风赢得了狼王的地位，所有的狼都围在了它身边。

但是，帕利克看见“白雪”身上仍流血不止，看上去伤势很严重，说不定会有生命危险，他决定把这只英勇的狼犬带回去疗伤。他把“白雪”抱到雪橇上，尤加在一边“呜呜”地叫着，所有的狼都静静地跟着帕利克，一直跟到村旁。

村里的爱斯基摩人发现老人帕利克身后竟跟着一群狼，都吃了一惊，纷纷回家拿猎枪，准备把这些天敌一网打尽。然而，帕利克及时地阻止了他们，并向族人讲述了“白雪”的故事，大家觉得应该放这群狼一回。分别的时刻到了，狼群围绕在“白雪”和尤加的周围，似乎依依不舍。一阵哀伤的嗥叫后，就朝远方奔跑而去。

在帕利克老人的精心照料下，“白雪”的伤势很快好起来，它还和老人建立了深厚的感情。老人的儿子苏贝也很喜欢这只聪明的狼犬。日子一天天过去，在老人和苏贝的训练下，“白雪”已经成了一只优秀的雪橇头犬。

可是不久，村子里开始流行一种叫百日咳的疾病，孩子们纷纷染病死去。镇长给外界拍了急电，请求血清援助。血清很快送到了离村子最近的雷奈尔镇，但还有大约1100公里的距离。这时由于白令海峡地区正遭遇着一场罕见的暴风雪，飞机和汽车都无法使用，惟一能使用的交通工具只有雪橇了。但是，天寒地冻，路途遥远，暴风雪中几乎无法看清道路。帕利克老人很着急，他对镇长说：“我老了，不行了，让苏贝赶着我的‘白雪’去吧！”

以“白雪”为首的犬队载着苏贝出发了，村里的人们都出来送行。一连几天，雪橇队日夜兼程。半个月后，这只雪橇队已经在返回的途中了。挽犬们都累得几乎要倒下了，连顽强的“白雪”也磨秃了趾甲，一步一个血印。可是，剩下的85公里是更为艰难的雪路。

此时几乎是零下40摄氏度的严寒，狂风呼啸，卷着雪片抽打在人和狗的身上，眼睛根本睁不开。挽犬一只接一只地倒下，再也起不来了，苏贝不禁心急如焚起来。

就在这时，风雪中传来隐约的狼叫声。苏贝知道，在暴风雪中如果遭到狼群的袭击，雪橇队就只有死路一条，因为这时的狼群是最饥饿也是最残忍的，何况目前剩下的雪橇狗已经没有几只了，根本不是狼群的对手。绝望的苏贝拿起了枪，准备与狼决一死战。

狼群的叫声越来越清晰，转眼间，50多只狼已经盯上了苏贝的雪橇。苏贝把子弹填人枪膛，准备抵抗。突然，一个不可思议的奇迹出现了：当狼群逼近雪橇时，跑在最前面的“白雪”停住脚步，仰首对天，像狼一样叫了起来，这不是犬吠，而是野生的狼嗥。

狼群开始骚动了，它们飞快地冲向雪橇，其他的挽犬都哆嗦起来，“白雪”却兴奋得不断地吼叫。这时，从狼群中走出一个高大的家伙，它和“白雪”鼻尖对鼻尖，互相嗅了嗅，然后那条狼跑回狼群大叫一声，群狼便欢呼雀跃起来。苏贝猛然想起，它们正是“白雪”原来的狼伙伴，“白雪”还曾是它们的“狼王”呢。

接下来，在“白雪”的指挥下，狼群加入了它率领的雪橇队。尽管苏贝心里仍然惶恐不安，可事到如今，他也只能听天由命了。第二天清晨5点，雪橇队终于顺利地到达了村子。狼群停住了脚步，悲壮地叫了很久，然后消失在雪原之中。

血清送到了，近百个孩子得救了。

【解读】

人和野兽为什么会成为敌人呢？是天性使然，还是其他的原因？现代生物学研究表明，这主要是因为人类侵占了本应属于它们的栖息地。即使如此，人和野兽之间也不会永远是仇敌关系，只要人和动物平等相处，就可以避免许多灾难。要人们善待它们，它们一定能够成为人类的朋友。

一只断翅的鹰和一个断腿的人

【名言】

松树不感到优于竹子，竹子也不感到次于松树。狗不感到优于猫，猫也不感到次于狗。我们人类也许以为动植物持有这种想法，但这不过是人以己之心去揣度非人类界面而已。

——【日本】阿部正雄

【故事】

2001年7月12日下午，墨西哥恰帕斯州立大学体育馆内座无虚席，人们屏息聆听着萨克斯独奏——《峡谷里的鹰》，悠扬的一曲演奏完毕，观众席上响起了雷鸣般的掌声。演奏者是一位黑头发的小伙子，他微笑着向人们致谢，站起身时一条裤管却是空的……

然而，在惊奇之余却没有人知道在他身上发生的一个真实的、关于一只墨西哥黑鹰的感人故事……

1999 年，内森·科力亚还在恰帕斯州立大学念法律专业二年级，他身高 1.94 米，是校篮球队的主力后卫，教练非常赞许他在篮球上的天赋，而开朗热情的性格也使他身边不乏追求者和朋友。当时与内森热恋的女孩叫罗娜，是一个美丽的混血金发女郎。

内森一直以为，他会这样在阳光下度过快乐的大学时光，但是 1999 年 3 月 19 日的那个深夜，内森的命运突然被完全改写了。

那一天是周末，内森和罗娜在一间酒吧玩到深夜两点多钟，将罗娜送到家后他才开车回家。兴奋之中车开得很快，当他看到街角拐弯处正在倒车的大邮车时，一切都来不及了。在刺耳的刹车声中，他只感到腿上一阵撕裂的痛，然后就什么也不知道了……

当内森从昏迷中醒来时，下半身隐隐作痛。事实上，由于右腿伤得太厉害，医生已经为他做了截肢手术。

两个月后，内森出院了，少了齐膝以下的右腿，多了一副拐杖。他不愿拄着拐杖出门，常常把自己关在房里，满脑子想的就是永远不能再打篮球了。而罗娜从出事到现在一次也没来看望过他，内森清楚这代表了什么。内森的意志一天天消沉下去，他想到了死。

6 月 24 日清晨，内森偷偷走出家门，搭上了去厄里蒂斯风景区的专线车。厄里蒂斯山脉是恰帕斯州的游览胜地，更以墨西哥黑鹰的故乡著称。

内森站在悬崖边，看着几只黑鹰展开硕大的羽翼，依赖强劲的气流浮在半空。拐杖一动，几粒石子咕噜噜滚下山去，许久才传来落地的声音，他不由得颤抖了一下。在死的边缘，内森犹豫了。

这时，内森突然听见一种奇怪的声音。他心中一动，循着声音找去，发现在脚下约摸五六米处，一只雏鹰被夹在岩缝里。在雏鹰上方不远处，是一只墨西哥鹰的巢穴，这小家伙极有可能是在巢里练习扑棱翅膀时跌下去的。如果没有人去救它，它要么摔下去跌个粉身碎骨，要么就是夹在这里活活冻死饿死。

看着雏鹰苦苦挣扎叫唤，内森终于决定先抛开自杀的念头，救了这小东西再说，他扔掉拐杖，吃力地向山崖下爬去。当他好不容易来到那条岩缝处，内森的手肘和膝盖已经磨得血肉模糊了。他伸出手小心翼翼地挨近雏鹰，它立即狠狠啄了内森一口，他一惊一疼，差点滚下山去，但最终还是一把抓住了它。

终于，内森抱着雏鹰气喘吁吁回到了崖顶。它看起来才出生不到一个月，左边的翅膀奇怪地折着，一定伤得不轻。

内森带着雏鹰回到家中，兽医说，这只墨西哥黑鹰折断了翅膀，极有可能活不下去。纵使侥幸活了下来，也是一只不能飞的鹰，永远不能回到野外独立生活。

送走医生，内森使劲盯着雏鹰，暗暗叹了口气：“和我一样的可怜虫!”

内森给鹰取了名字叫“阿克多”，在玛雅语里是“荣耀的鹰”的意思。然后，内森在院子里为它搭了一个巢。他对着小鹰说：“但愿你能活下来……”

两个月后，阿克多不仅活下来，而且长大了。但它的左翅，总是半张着，既收不拢也无法完全展开。当它倨傲地蹲在巢顶时，这不能不说是一个可悲的缺憾：断翅的鹰。

阿克多是个高傲的家伙，除了内森，谁喂东西都不吃。它一点也不为断翅而沮丧，每天在草坪上扑棱翅膀，摆出跃跃欲飞的架势，偶尔也能蹿起几英尺高。

内森的母亲开始为他的下一季度开学作准备了，可是内森对于再回学校一点兴趣也没有。他每天就站在窗前看阿克多扑打翅膀。觉得自己也和阿克多一样，断了翅膀，再怎么努力想飞起来，也只是徒劳。

9月的一个晴朗的傍晚，内森突然听见外面母亲大声叫喊着，他以为出了什么事，匆匆拄了拐杖出来。只见母亲满脸惊喜地望着屋顶，原来阿克多竟然站在屋顶上！它是怎么上去的?

阿克多看见内森，兴奋地长鸣一声，拍拍翅膀就从屋顶上“飞”下来——滑翔了一段时间，但落地时还是扑通一声闷响，摔得似乎不轻。内森目睹着这一切，先是惊奇，然后是怜悯，最后是一种同病相怜的悲哀。

然而阿克多一点也不气馁，它站起来，用力拍打着翅膀再次蹿到栅栏上，又跃上树冠，最后猛一振翅跳上屋顶，准备开始它的第二轮飞行练习。又是重重地一摔，阿克多用翅膀支撑着站起来，抖抖羽毛，又接着准备第三轮的飞行……不知为什么，内森的眼眶慢慢湿润了，而母亲则拍了拍内森的肩："瞧，它很努力！"

内森在妈妈的鼓励下，又回到了学校，决定重新开始。然而当内森看到四肢健全的人在球场上奔跑追逐，看到罗娜挽着新男友走过校园，心里非常难受。更难受的是他受不了人们古怪而怜悯的目光，受不了同学们用一种夸张的同情语调在背后议论他的断腿，受不了连上卫生间都有傻瓜自以为好心地走过来："我来扶你吧！"

看到这一切他心烦意乱。从此他变得更加沉默寡言，敏感易怒，每个人都对他敬而远之。一直到11月的一个周末，内森推开院门，却不见阿克多那熟悉的身影，它不在院子里，也不在屋顶上。他慌了神，一只飞不起来的鹰，会跑到哪里去呢？

就在此时，头顶突然传来了鹰的长啸声，内森一抬头，就看见蔚蓝的天空中，那只熟悉的黑鹰以一种独特的姿势翱翔着，它无比惬意地享受着迎风展翅的快乐……那是阿克多！医生断言不可能飞起来的鹰！它飞了，虽然半空中的它总是向左歪斜。刹那间，他的心感受到了从未有过的强烈撞击，他突然彻悟了……

阿克多在院子上空盘旋了几圈，轻轻着陆了，它在内森面前得意地挺了挺胸。它真的长大了，乌黑发亮的羽翼更加丰满，原来孱弱瘦小的身子也长成了60厘米的块头。尤其是它已经有了鹰的眼神，犀利的目光也隐隐透着王者的威仪。

就是那一次，内森真正感悟到了生命中的一些重要意义，从此，内森彻底改变了自己生活的态度，他要向大家证明：虽然少了半条腿，但内森还是内森！他做到了。

而那只给了内森神秘启示的黑鹰也愈飞愈高，愈飞愈远了。它不再留恋院中的小巢，有谁听说过一只墨西哥黑鹰会被人豢养在庭院里呢？但阿克多依然会偶尔盘旋在小城的上空，有时是一个星期，有时会让内森等上一个月……它成了那里一道独特的风景！黑鹰的飞翔让他明白：飞翔的路上，尽管是含泪的风景，但最重要的是敢于振翅高飞，永不停歇。

【解读】

大自然是人类的朋友，也是人类的导师。自古以来，人们不但从大自然中索取生活物资，也从大自然中学到了许多生活经验和人生真谛。只要珍爱大自然，与自然平等相处，你就会发现大自然不会让我们失望的！

一个老人和一只老鹿的故事

【名言】

在自然界中，只有动物最能使我们联想到人和人的生活，因此我们在动物身上也要比在其他一切自然物上发现更多的美和畸形。

——【俄国】车尔尼雪夫斯基

【故事】

人类的爱、希望和恐惧，基本上与动物没有两样。它们就像阳光出于同源、落于同地。金学天是朝鲜族人，是世界惟一的一位懂得各种鸟兽语言的人。他的绝技都是跟爷爷学的，他从小就随爷爷呼啸山林，终于成为中国懂得鸟兽语言的最后一代传人。

20 世纪 80 年代的一天，几个年轻人找到金学天，说后山发现了熊瞎子，已吃掉了村里的好几头猪了。他们向金学天救助，金学天就答应了。于是，他们挖好了陷阱。第二天下午，他们就看到了一头灰熊正在追赶两只梅花鹿。梅花鹿一大一小，全是母的。那只小鹿刚出生不久，跑得特别慢，结果母鹿为了保护小鹿，被熊踢碎了脑袋。灰熊刚要追杀小鹿时，金学天向天空放了一枪，灰熊吓跑了，小鹿得救了。

从此，小鹿就一直陪伴在金学天的身边。一转眼到了 1994 年，小鹿已跟随金学天 9 年了。这年的春天，小鹿突然不见了。金学天到处去找，最后在森林旁的溪水边找到了它。

金学天知道，鹿的生殖期到了，它在求偶啊。可是，附近没有鹿场，临近林中的野鹿也已绝迹，金学天只好来到长白山主峰的原始森林腹地，学着母鹿求爱的叫声引诱公鹿。

不久，两只公鹿出现了，金学天和村里的几个年轻人，利用事先挖好的陷阱，抓住了这两只公梅花鹿。他们将公鹿抬回来，放在小鹿经常出没的地方。几年后，这里的鹿已繁殖到近百只。

1999 年夏季的一天，离开三年的那只母鹿突然回来了。如今它已 14 岁了，按鹿的寿命已进入老龄行列。它眼睛变得昏花，嘴里反复咀嚼着青草。金学天异常惊喜，拍拍大鹿的头，感慨万分地说："你老了想起娘家了，这一次能住多久啊？"

接下来的几天，大鹿都没有离开的意思。老金非常高兴，就像以前一样开始带着它四处走走。8 月 20 日，金学天要到山下去办事，大鹿跟在后面。刚走下山，老金突发脑血栓，昏了过去。

大鹿不知道主人怎么了，就急忙跑回家。它见到金学天的老伴就大声吼叫，然后将她领到了老金的身边。老金得到了医生的紧急救治，虽保住了性命，但从此却瘫在了炕上，大鹿也天天守在主人身边。

很多时候，大鹿更像个孩子似的依偎在主人的身旁……后来，老金在老伴的调理下，吃了一种偏方，不想效果奇好。半个月后，老金就可以下地在别人的搀扶下走路了。这时，大鹿就成了金学天的拐杖。主人想上厕所或想到室外散步，大鹿都会走到金学天身旁，让金学天扶着它。

2002 年 11 月 18 日，金学天的病情突然恶化，随之出现了脑出血的症状。由于十四道沟地处偏远，救治不及时，老金永远地去了。

老人去世那天，大鹿一直用嘴拱着躺在木案上的老金的遗体，当发现老人没有动静时，就用蹄子扒呀扒呀……好久，大鹿向山谷发出了撕心裂肺的哀鸣，然后眼里滚出了眼泪。

老人出殡时，大鹿流着眼泪，一直跟到墓地。等老人下葬完毕，老金的老伴拉大鹿往回走时，它却说什么也不动，只是趴在坟边嚼着一种说不出名字的青草。金家人知道：大鹿的生命也快到尽头了。

三天后，金学天的家人来到他的坟地烧纸，见那只鹿还趴在那里，身旁是它吐出的一大块草饼，可它的身体已经僵硬了！金学天的家人就把它葬在了老金的坟旁。

从此以后，人们经常看到一群鹿围着老人的墓地和老鹿的坟打转，然后就发出哀怨的长鸣，像是在祭奠一位热爱山林、热爱动物的老人。渐渐地，人们便把老金的墓地称为鹿坟，以纪念老金和老鹿。

【解读】

很多时候，我们都忽略了这样一个事实：动物和人类一样，都有丰富的感情。只要人类以平等、友好地态度对待它们，它们也会以同样平等、友好的态度对待人类，并和人类成为好朋友。

在越野车后面追逐的藏羚羊

【名言】

我们不应尊重我们自己的利益，任意利用禽与兽，依我们的最大方便来对待它们。

——【荷兰】斯宾诺莎

【故事】

2001 年 7 月 26 日早晨，可可西里自然保护区沱沱河保护站站长扎尕带着三名志愿者驱车巡山。汽车行驶到一段正修建的青藏铁路时，突然听到羊的叫声。扎尕把车熄火仔细听，然后大叫起来：“是藏原羚的叫声！”

他们循声寻找，终于在铁路边一个炼沥青的大坑里，发现了那只小藏原羚。它的两条大腿陷进冒着热气的沥青里，双眼可怜巴巴地看着坑上的人们。

扎尕跳下坑里，用刀把藏原羚双腿周围的沥青弄开，连同沥青和小藏原羚抱到怀里。这个小家伙似乎知道自己获救了，“咩……咩……”地叫起来，然后把小脑袋往扎尕的怀里钻，舌头一下一下地在扎尕的脸上舔着。

扎尕跳上坑来，用刀片小心地把小家伙双腿上的沥青刮下来。这只小藏原羚的双腿被沥青烫伤了，小腿被烫成红红的一片，腿节处留下一圈水泡，手一接触，它的腿就颤抖不停。听到它痛苦的哀号，大家都心疼地流下泪水。大家给小藏原羚起名叫信原，就是相信这个高原，相信这个高原上的人从今以后会好好保护它。

沱沱河保护站的办公地点是一排简陋的帆布帐篷，扎尕把受伤的信原放进帐篷里，然后又去巡山了，把照顾小羊羔的任务交给了几个志愿者。第三天，扎尕开车赶回沱沱河保护站，他一进屋就直奔信原而去。谁知此时信原饿得快不行了。几名志愿者告诉扎尕，他们无论给它任何东西，它都不吃。

扎尕一拍脑袋说："哦，我差点忘了，藏原羚只吃生羊奶或牛奶。我马上到藏民居住点去取。"

说完，他起身向外走去。最近的藏民居住点距离这里也有 20 公里的路程，这段路不能行车，只能步行。他是早晨 9 点多钟走的，直到下午 2 点多钟才背着奶回到沱沱河保护站。这时信原连伤带饿已奄奄一息。它紧闭着双眼，脑袋无力地垂在自己的怀里，在土炕上一动不动地趴着。

扎尕趴在它的耳边焦急地呼唤着，它没有醒来；扎尕又轻轻地学"咩咩"的声音，信原还是没醒来。情况紧急，这里的每一个人都把心提到了嗓子眼上。

无奈之下，扎尕自己喝了一口奶含在嘴里，然后脸靠近信原的小脸，伸出舌头轻轻地舔它的鼻子、嘴唇，一下、二下……

不知过了多长时间，信原的眼睛慢慢睁开了。也许从扎尕身上闻出了带着可可西里特有泥土气息的奶味，信原的小嘴张开了，舌头舔着扎尕的嘴唇，贪婪地吸食起来。奶水从扎尕嘴里一点点进入信原的嘴里，一口、两口……小信原原本暗淡的眼神变得明朗起来。终于，它吃饱喝足了，用小舌头舔舔扎尕浓密的胡子，然后细细地舔起自己腿上的伤口，舔得非常专注。

扎尕脸上露出笑容，对志愿者们说："小信原有救了！它能吃奶，营养就会源源不断地进入身体；它的舌头是伤口最好的灵丹妙药，经常舔舐伤口就会慢慢愈合。"

就这样，小信原每天都喝上一大壶可可西里的生奶。因为这里每天的气温变化无常，中午可以达到 30 多摄氏度，早晚却在零摄氏度以下，生奶不好保存，扎尕于是每天都步行 20 多公里路去取奶。一个月以后，小信原的伤口基本愈合了。扎尕又把青稞嚼碎，一口一口地喂它，信原逐渐强壮起来。

2002年5月，信原来到这里已经10个月了，现在的它已长成了一个“小伙子”了。一天，信原突然变得烦躁起来，而且见谁顶谁。扎尕看了一下它的生殖器后，对众人说：“信原成年了，野生藏原羚种群才是它的最终归宿。”

5月20日早晨，扎尕带着信原驱车去寻找藏原羚种群，他走了两天时间，终于在一个叫错仁德加湖的地方看到了10多只藏原羚在湖边吃草。他把信原放出车门，驱赶它加入到自己的同类之中。

信原的耳朵动了几下，双眼注视着前方，然后向自己的同类奔去。扎尕等人看着信原矫健的身影，想到近一年来与信原结下的深厚情谊，眼泪夺眶而出。

车开出去几百米后，扎尕忍不住回头看了一下，没想到信原正跟着车往回飞奔。扎尕加大油门，心想车快开一段时间，信原追不上了就会放弃。车奔出去有10公里了，扎尕再用望远镜回头一看，信原还在追着他们的越野车。扎尕无奈，只好把车停下来，与众人一道站在车下等待。不大一会儿，信原就大喘着气跑到了他们面前，一头扑进扎尕的怀里。

扎尕让信原上车，然后又驱车来到那群藏原羚吃草的地方，强行把它推下车后开车就跑，走了大概有10多公里才停下来。扎尕用望远镜回头看，信原又追回来了。扎尕看着奔跑的信原越来越吃力，再也不忍心了，于是等信原跑近后，把它又抱上车，然后重新回到了沱沱河保护站。

也许是这天追赶扎尕的车太过疲累，受了风寒，信原一回到保护站就病了。它一动不动地趴在保护站的帐篷前，连续两天不吃不喝，眼睛半闭着不住地流泪。扎尕一摸信原的额头，热得烫手。他赶紧外出采来草药，为信原退烧，但收效甚微。扎尕只好将它送到几十公里外的唐古拉山乡医疗站。令人意外的是，尽管兽医用尽了各种办法，但信原的病情还是一天天地恶化。它的眼神也一点一点变得暗淡无光了。

5月26日凌晨2点钟，信原在众人的泪水中永远地闭上了眼睛。扎尕伤心地对众人说：“信原一定是以为我们不要它了，所以难过……”

信原的遗体被安葬在它生前经常玩耍的山坡上。信原的生命虽然短暂，但与同类相比，它得到了它的同类最渴望得到的，那就是人类真诚的爱。

【解读】

野生动物是大自然创造的生灵，为了自己的生存繁衍发展也在不停地奔波。它们是数百万年自然造化的结果。它们是人类的朋友，也是人类的精神家园，它们和人类在地球上应该享受平等的待遇。为了所有的野生动物，为了人类，每一个人都应该爱护生命，爱护动物！

一场和时间赛跑的紧急营救

【名言】

人生是与天地万物浑元一气流通变化而不隔的。人要时时体现此通而不隔的一体性而莫自私自小，方为人生大道。

——【中国】金岳霖

【故事】

2001 年 2 月 27 日下午 5 时，在四川省蜂桶寨华西煤矿工作的杨瑞光、许德奎下班回家时，突然听到茂密的山林中传来一种怪怪的声音。两人停住了脚步，仔细听了听后，许德奎猜测说："该不会是大熊猫吧？我曾经听到过大熊猫的叫声也是这样的。"

两人顺着声音进入了山林，开始搜索起来。20 分钟后，杨瑞光惊叫道："你看，真的是一只大熊猫呀！"

许德奎抬头望去，10 多米远的地方，一只大熊猫正紧紧地靠在岩石边，一动不动。

杨瑞光按捺不住内心的激动，对许德奎说："我活了 20 多年，这么近距离看野生的大熊猫还是第一次，它真漂亮，好温顺哟……"

然而，大熊猫听到声音后警觉地望了望他们两人，并拖着左后腿，艰难地向前移动着！

看到这只大熊猫受伤了，许德奎便拉着杨瑞光小心翼翼走了过去。大熊猫见有人靠近它，嘴里发出很凄凉的声音，拼命地向前移动着身躯，但很快无力地躺在地上！

两人这才发现大熊猫的左后腿已经骨折，伤口早已感染化脓了，而且它的耳朵部位也有多处伤口！

杨瑞光不由得用手抚摸着大熊猫那条受伤的腿，心疼地说：“它伤得不轻，看起来真可怜……”

这时，受伤的大熊猫猛地回过头来叫了几声，杨瑞光像触了电似的急忙将手缩回来。许德奎道：“不要动它，可能它受到过什么动物的攻击，现在有戒备心，警惕性很高！”

大熊猫挣扎着身子又开始向前移动，但不到几米便无助地躺在地上了。在这荒山野岭，这只丧失了行动能力的大熊猫肯定活不了多久！两人商量过后，决定将这只可怜的大熊猫送往大水沟保护站。

两人将自己的工作服脱下，趁大熊猫不备，迅速将衣服罩在大熊猫身上，干净利落的将它翻过身来，然后将两只衣袖互相交叉打了个结。当两人用一根结实的木棒将大熊猫抬起时，感觉它大约有 30 公斤左右。两人抬着这只受伤的大熊猫，径直向山下大水沟保护站走去。

天很快黑下来了，两人沿着崎岖的山路摸索着。半个小时后，又突然下起了小雨！为了不让雨淋着大熊猫，两人拿出一个下班准备买菜的塑料袋，将大熊猫的伤口作了简单的包扎后，又继续前行。

然而，道路却越来越难走了，杨瑞光的脚底被树刺刺中，但他却努力保持自己身子的平衡，一瘸一拐地继续前行……

两个小时后，两人步行 10 多公里，终于来到大水沟保护站门前，保护站的管理人员立即热情地接待了他们。杨学成站长听了两人的介绍后，非常感动。这时，保护站医务人员发现杨瑞光的左脚早已红肿，并从他的脚底取出了很多根断在里面的树刺！

当晚 10 点 30 分，大水沟保护站的医务人员对受伤大熊猫进行了详细检查，发现这是一只 1 岁多、体重 30 公斤的雄性大熊猫，它的左腿、耳部以及背部都有被野兽抓伤的痕迹。它的左后腿可能是从悬崖上摔下来时折断的，其伤口已感染化脓，如果不及时治疗随时都能危及生命。

于是，医务人员用消毒药水认真清洗了大熊猫的创伤，打了消炎针，然后用电吹风将它全身吹干。由于发现大熊猫的伤势较重，医护人员随后决定将它送往县城进行救治。这时，已是夜里 11 点多了。

当护送车抵达县医院门口时，医院院长早已领着几名医务人员在门口等候多时了。车刚一停稳，医务人员迅速将受伤大熊猫送进了急诊室，作进一步检查。虽然这只大熊猫还没有出现败血症状，但它的体温伴有明显的高烧，肌肉不时地痉挛、颤动，医务人员立即采取紧急措施控制它的体温，以避免因高烧而导致体质虚弱出现的并发症。为大熊猫做了应急处理后，由于大熊猫伤势严重，而县医院的医疗条件有限，大家决定连夜将它送到四川农业大学的兽医学院去救治。此刻，时针已指向凌晨 1 点多了。

越野车如离弦之箭，仅仅用了 50 分钟，就跑完了 150 公里的路程，安全地到达了四川农业大学。四川农业兽医学院的 3 名兽医学教授在睡梦中被叫醒后，对受伤大熊猫立即进行全面诊断，用 X 光、B 超、脑心电图等专业仪器，给大熊猫进行了检查，他们一致认为：要保住大熊猫的生命必须进行截肢。

很快，一个由 7 人组成的医疗小组成立了。医疗小组认真研究了大熊猫的截肢手术方案，最后决定麻醉截肢方案。

凌晨 5 点 10 分，手术开始了。被麻醉的大熊猫静静地躺在手术台上，医用电锯伸向了那条被感染化脓的左腿，几位教授认真察看着大熊猫的血压、心电图等，各种数据一切正常。主刀专家熟练地在大熊猫左腿 2/3 处切割，紧接着兽医学专家急忙对大熊猫的腿部进行了止血处理，然后，将伤口小心翼翼地缝合起来。整个截肢手术一气呵成，只花了 40 分钟左右。大熊猫做完截肢手术后被送到监护室，进行一周的治疗。

2001 年 3 月 6 日上午 9 点，“专家小组”对截肢的大熊猫的手术情况进行详细检查后，正式宣布：手术圆满成功，截肢大熊猫度过了生命的危险期。

10 多天过后，大熊猫康复出院了。它因截肢完全丧失了在野外的生存能力，大水沟保护站决定对它进行人工饲养，培养它的生存自理能力。为了纪念这次手术的成功，人们为它取了一个十分美好的名字——戴丽。

【解读】

平时，生活在城市里的人们很难感受到大自然的奇妙之处。那些野生动植物似乎离我们的生活很远。不过，想想身边的小宠物，当它们用天真无邪的眼睛盯着我们的时候，心中就有一股暖流。从生命的角度来看，野生动物和我们的小宠物并无区别，它们都是我们的朋友，都能让我们的生活充满爱……

小花打动了爸爸的恻隐之心

【名言】

自然是人生的本源，还有一个更重要的意义，就是自然代表人生的本然或本性。

——【中国】贺麟

【故事】

罗伟的爸爸是个不喜欢猫的人。无论多么能干的猫，他都厌烦。每遇到猫都会轻轻地踢上一脚，或是大声地对猫喊一声："离我远点！"

由于家里的食物、衣服等都成了老鼠的磨牙器，虽然爸爸十分讨厌猫，但为了制止老鼠的横行，也只得养一只猫了。

猫是罗伟的二姑送来的，全身黄底中满是不规则的黑花纹，于是他们就叫它小花。小花刚到他们家时，还是一只刚断奶的猫崽，白天还乖巧，但到了晚上就喵呜喵呜地大叫。爸爸生气了，告诉妈妈赶紧把它扔出去，但又苦于无计可施的老鼠，再加上家里其他成员的一致反对，爸爸只好勉为其难地留下了小花。

几天后，小花就适应了这里的生活。它活泼好动，房顶、树上哪里都去。随后的日子，家里的老鼠在小花的前追后堵之下，渐渐地少了。爸爸也认可了小花的存在。

一天，妈妈突然宣布，小花怀孕了。除了爸爸之外，他们都很高兴，特别是妹妹，更是兴奋得手舞足蹈。这时爸爸狠狠地瞪了小花一眼，走了出去，那眼光中分明在说："你都不知是怎么留下的，我还能留一窝猫崽？"

几个月后，小花果然在无人去的仓房里生了6只猫崽。妈妈怕爸爸把猫崽扔掉，就告诉罗伟和妹妹，一定要瞒住爸爸，可精明的爸爸在10多天后就知道了。罗伟和妹妹知道小猫崽一定凶多吉少，于是就到处奔走询问谁家要猫崽。但由于小猫太小，根本无法养活，因此，他们的奔走徒劳无功。

一天放学后，罗伟和妹妹急忙又来到仓房，只看到小花在悲伤地舔着前爪，6只小猫已经全都不见了。妹妹"哇"的一声哭了起来。后来他们才知道是爸爸用箩筐把6只小猫放到了村外密林中的一条深沟里。爸爸准备离开时，突然又想留下来看看这些刚睁开眼的小猫，于是他就在沟边坐了下来。

小猫们开始还表现得很焦急，嚎叫着四处乱爬，很明显是在寻找它们的妈妈。过了一会儿，它们一改先前的烦躁，安然地聚拢起来，并紧紧地积成一堆。面对黑夜的寒冷和死亡的威胁，它们开始以平静的心态去面对，并用团结迸发的无穷力量去抗争。爸爸看到小猫都聚在一起，睡着了，就默默地离开了。

第二天一大早，妈妈就惊喜地叫了起来："小猫又都回来了！"

罗伟和妹妹赶过去一看，6只小猫崽竟又全部睡在了猫窝里。原来，是母猫小花在夜里找到了它们，并一只只地用嘴给叼了回来。

爸爸并不死心，又把小猫扔到了5公里以外的北山岗上。让我们一家人都惊奇不已的是，第二天早上，小猫崽又一个不少地回来了。可想而知，母猫叼一只猫崽，一个来回就是10多公里，叼完6只猫崽得跑七八十公里。很显然，母猫小花已经明白了爸爸的用意，但它作为母亲无法割舍自己的孩子，就只能用自己的努力来打动主人。

果然，小花成功了。当他们全家人看着为拯救小猫崽而累得筋疲力尽的小花时，都被它深深地感动了。爸爸也动了恻隐之心，终于留下了它们……

【解读】

自古以来，中华民族就追求"天人合一、仁爱及物、慈悲为怀"

的境界，主张人与万物的和谐，反对任意杀戮、虐待动物。人类的发展史也是驯化、利用动物的历史，动物为我们提供饱暖之需、精神安慰和身心享受。可以说，动物改变了人类生活，所以我们应怀敬畏之心感恩之情对待动物，切不可虐待、折磨、欺辱动物。

但愿所有的冬季都不要飘雪

【名言】

大地给予所有的人是物质的精华，而最后，它从人们那里得到的回赠却是这些物质的垃圾。

——【美国】惠特曼

【故事】

20 世纪 70 年代中期的中国东北，一进入腊月，人们便纷纷到谷场边、坟地里、老宅里下铁夹子逮黄鼬，因为腊月里的黄鼬皮毛又细又绒，最保暖，所以这时的黄鼬皮最值钱。

有经验的人，剥黄鼬皮多用“活剥”。就是逮住黄鼬后，用细麻绳套住它的脖子吊在树杈上，再用小刀在黄鼬鼻子和嘴巴的嫩皮处切个十字口，然后抓住黄鼬皮双手用力向下翻卷，随着黄鼬一阵阵痛苦的尖叫过后，一张热气腾腾的黄鼬皮被完整地卷褪下来了。再将事先准备好的细沙装进黄鼬皮筒里吊在过道阴凉处风干。腊月里的一张黄鼬皮卖出去后，过年买肉的钱也就有了，若多卖几块钱还能再换回两挂鞭炮。

一天傍晚，14 岁的大力兴奋地跑回家说发现了黄鼬脚印，他拿起铁夹子跑出了门，父亲也紧紧跟了过去。在生产队的谷场边，大力扫开一小块积雪，下好夹子用谷糠将夹子伪装好，外面只露出一段油炸的山雀腿做诱饵，再用细铁丝把铁夹固定在打谷场的石磙上，做好了记号后就回家了。

那夜的风雪特别大，北风裹着雪花拍打发黑的窗户纸啪啪作响。大力缩在被窝里兴奋得难以入睡，好像嗅到了煮熟的肉香味，望见了那串令人手痒的鞭炮。

大力早早地就醒了，他向窗外望去，外面已经透亮。大力悄悄地穿衣下炕，不顾风大雪猛，连滚带爬向谷场边奔去。远远地就看到昨天下夹子的地方黑糊糊一片，等扑到跟前后他惊呆了！铁夹子上夹着一张半卷状的黄鼬皮，却没有黄鼬踪影。

正在发呆，他忽然又发现雪地上有一条醒目的暗红色的印迹向场边延伸。他顾不上多想，就顺着红印向前追去，追到生产队的粮仓根，听见里面发出“吱吱”的微弱叫声，他破窗进去仔细翻找，发现在粮仓最里面东南角处有一空地，空地上有一个草窝，窝里有四五只出生不久的小黄鼬。此刻还未长毛的小黄鼬正围着一个脱了皮的死黄鼬乱拱乱啃。

大力翻动了一下早已僵硬的脱皮黄鼬，它腹下肿胀的奶子依稀可辨，惨烈的场景刺激得他心头发热，直想吐。

原来铁夹子夹住的是一只产后不久的母黄鼬，怪不得它求生的欲望那样强烈，怪不得它为逃生而不惜惨烈地脱皮而去，因为它是一位母亲。母亲的天职，促使它挣脱夹子时已将扯皮裂肉的痛苦抛到脑后，已将生死置之度外，陷入绝境后它只有一个信念：尽快回去为孩子哺乳……

目睹眼前的一切，大力热血沸腾，尽管棉鞋里早已灌满了雪泥，他却浑身是汗。

天快大亮了，村头已有人向这边走来，大力醒过神来，慌忙跑回谷场，从铁夹子上取回那张黄鼬皮，慢慢伸展平整，再轻轻地套在母鼬僵硬的尸体上，然后抱起母黄鼬，找了个干爽地方埋了下去……

在这个风吹雪飘的早晨，大力突然间长大了。他望着苍白的雪地，回想着脱了皮的母鼬，心里暗暗祈盼：从此所有的冬季，都不要飘雪。

【解读】

人兽同心。在关键时刻，父母都会舍身救子。动物也如人一样，其实无论同类动物，还是异类动物，它们之间都能表现出关切、热爱、忠诚等感情。从这个意义上说，人类完全可以和动物成为好朋友，在大自然中平等相处。

山崩大鹿和“妻子”之死

【名言】

人非但不能强制自然，还要服从自然。

——【古希腊】埃斯库罗斯

【故事】

位于日本北部长野县的飞弹山，山势险峻，怪石嶙峋，被誉为日本的阿尔卑斯山。樊吉是一位颇有名气的猎人，居住在飞弹山脚下的远山郡。尽管他已 70 多岁，但身体仍十分硬朗，他自己曾说一天不拿猎枪，就会寝食不香。

去年的一个冬日，下了整整一夜的大雪，拂晓时分大雪悄然停止。樊吉老人知道，这样的日子最适合于打猎。大雪彻底掩盖了难以辨认的旧脚印，清楚地留下了易于辨认的新脚印。猎犬也喜欢这种大好时光，仅稍稍嗅几下就能发现“敌情”。

那一天，樊吉老人带上猎犬克罗和另一条雄性猎犬残雪上山打猎。克罗在日本犬中虽个头一般，却年轻气盛，是樊吉老人的“秘密武器”。残雪是克罗的后代，是克罗与邻村一条雌性犬的结晶。为训练残雪，樊吉老人也把它带上了山，跟在它父亲后面学本领。

樊吉带着两条狗上山，大约走了一个小时。突然，克罗伸出两条腿直立起来，仰起脸望了一眼樊吉老人的脸，“嗷嗷”地叫了两声，并且使劲翕动着鼻子。它是嗅到了野生动物的气味，向主人发出“前面有敌情”的信号。

樊吉老人蹲下来仔细地观察了一番，发现是鹿的脚印，四只崭新的大脚印，旁边还有四只脚印，也是崭新的，小牛蹄子一般大。樊吉老人心花怒放，热血沸腾。

“瞧这四只大脚印，也许就是那家伙。”樊吉老人说的“那家伙”，是一头被当地人称为“山崩大鹿”的雄鹿。据说这大鹿在山上狂奔时，那剧烈摆动的两只大角与“嗒嗒”的蹄声犹如山崩地裂，因此而得名。

“山崩大鹿”遭到猎人的围追堵截已经好几十回，每一回它都胜利地突出重围，安然无恙。在远山郡一带的乡村里，它的外号家喻户晓。

“快追！”克罗听到主人的一声号令，几乎足不落地，箭一般蹿了出去。残雪也模仿它父亲的动作，踩着积雪蹿了出去。樊吉老人也不甘示弱，横穿山谷，翻过山顶，悄悄地跟着。

樊吉老人很快就发现，山崩大鹿的脚印旁边混杂着的小脚印，应该是同路的，那小脚印肯定是山崩大鹿“妻子”的。

大鹿“夫妻”的脚印一直向前延伸，似乎永无尽头。但樊吉老人与两条猎犬却毫不气馁，依然信心十足地朝前追赶。

太阳西斜，黄昏来临。樊吉老人的视线，突然停留在树林中的一块巴掌大的雪地上，那儿泥雪混杂，坑坑洼洼。再走近一看，山崩大鹿“夫妻”俩好像刚才在那里用过餐，吞嚼了枫树上刚吐出的嫩叶。原来，它俩选择下风口，一边津津有味吞嚼嫩叶填饱肚子，一边竖着耳朵注意南边的动静。

“呵呵，这夫妻俩已经察觉到身后有尾巴！”樊吉老人自言自语，从地上抓了一把雪塞进嘴里。

樊吉老人寄宿在雪洞里，拂晓时分，星光射进雪洞，他微微睁开眼睛，从背包里取出熟野猪肉，用刀切成几大块，扔两大块给两条猎犬吃，自己也拿出一块慢慢地嚼着。

简单的早餐一结束。樊吉老人就爬出雪洞，手指大鹿的脚印，再用手势做了一个动作：“快追！”

克罗明白了，它大吼两声，带着残雪又踏上追捕征程。猎犬们的吼叫声，一会儿就消失了。他胸有成竹，只等着克罗传回捷报。

第二天早晨过去了，中午过去了，樊吉老人干脆把鹿皮铺在雪地上，一边抽烟一边静静地等待着。

等到第三天，樊吉老人就显得焦急起来。他不停地吹着口哨，但克罗父子始终没有回应。直到第四天早晨，樊吉老人又吹起了口哨。突然传来了克罗轻轻的吼声，老人仔细辨别了一下，那声音是从对面的断崖上传来的。

“好家伙，你还活着！”樊吉老人抑制不住内心的激动，大声嚷了起来。

“嗒，嗒，嗒，嗒……”传来了一阵纷乱的蹄声，朝飞弹山方向远去。

飞弹山像一条狭长的走廊，一侧是断崖，下面是万丈深渊。曾经有过好多猎犬被引诱到此狭长的走廊上，最终被大鹿的角高高挑起，扔到悬崖下而丧生。此时此刻，山崩大鹿低下头抄起两只剑一般锋利的鹿角，与克罗摆开了决斗的架势。

克罗距离山崩大鹿仅 5 米左右，它在捕捉战机，企图咬死山崩大鹿。走廊细长狭窄，克罗再凶猛也无法速战速决，残雪已经无影无踪。有一处雪地，被鲜血染得通红通红的。也许残雪抢先冲上去，被山崩大鹿的两只角挑向空中，扔下了万丈深渊。

山崩大鹿与克罗两军对垒，已经有两三天了，双方的肚子都唱起了空城计。以往，有些雄性大鹿经常把猎犬引到这里对峙，等待猎犬锐气大减，体力消耗殆尽，再轻轻用角将对手挑下深渊。

“这家伙已经设下了圈套，准备好了对付克罗的办法。”樊吉老人端起猎枪，瞄准了山崩大鹿，随着一声巨响，子弹“嗖”地飞出了枪膛。

樊吉老人仅一发子弹就命中了山崩大鹿。山崩大鹿中弹后，“扑通”一声倒在地上，“咕噜噜”地朝万丈深渊滚去，传来了一连串其身体碰撞在岩石上发出的巨大声响。

突然，一直没有出现的那头雌性大鹿猛地从岩石后冲了出来，屹立在“走廊”上，显得那么的“高大”。当它看到山崩大鹿滚下悬崖时，一定悲痛欲绝，它或许责备自己连累了“丈夫”？要不是为了自己，山崩大鹿早就逃之夭夭……为了保护“妻子”，它与张牙舞爪的猎犬对抗到生命的最后一刻。

就在这短短的一瞬间，这头雌性大鹿无所畏惧，奋不顾身地跳下万丈深渊……

眼前的这一幕，把樊吉老人惊呆了，这感天动地的动物界的殉情壮举令樊吉老泪横流，懊悔不已，他真想自己也跳下去，去阴曹地府向它们“夫妻”赔罪，请求它们的宽恕。

这是樊吉老人最后一次狩猎。从此，他放下了手中的猎枪，再也不愿去伤害那些充满灵性的野生动物。

【解读】

动物为人类提供了各种各样的生活和生产资源，人类进步的每一步都离不开动物。不幸的是，随着城市的扩张、环境的污染、人类对自然资源的无度开采，动物的家园被侵犯了，它们的生命正受到威胁。山崩大鹿和“妻子”之死唤醒了樊吉老人，但却没有唤醒整个社会。救救动物，救救大自然吧，拯救它们就是拯救人类自己。

一对不离不弃的大雕“夫妻”

【名言】

战胜自然的唯一方法就是顺服它。

——【英国】弗兰西斯·巴库

【故事】

2000年4月，有一对不速之客闯进了日本长野的一个宁静的村落。它们神出鬼没地闯入农舍，抓走村民的鸡鸭羊犬，将整个村庄闹得鸡犬不宁。它们是两只年轻的大雕，一只雌的，一只雄的。

村民们发誓要将这对“犯规者”赶出家园。人们找到村里最有经验的猎人次郎，次郎是个单身汉，一辈子以狩猎为生，枪法极准，他目睹了这对大雕的种种“恶行”，也早就想惩治它们了。

一连两个星期，次郎追踪着这两只大雕。可是，大雕极其狡猾，它们今天袭击了东边的村落，明天就袭击南边的村落，下一天又换到了东北方向，绝不会连续袭击同样的地点。就这样，雕们运用野性动物的智慧，一次次地摆脱了次郎。

根据一段时间的观察，次郎决定等待雕自己靠近枪弹可触及的地方，这种机会虽不知何时会来，但只要耐心等待，总会来的。于是，次郎隐身在山腰的一块能俯视村落的巨石后面。

这天，只见雕抓住了一只小狗，飘然上飞之时，正好要飞过次郎隐身的地方，次郎咬着牙，从藏身的岩石背后猛地站起来，用黑色的枪口瞄准了空中的雕。等到雕看见他时，次郎已经扣动了扳机。

随着两声“嗷嗷”的叫声，一只雕掉到了山丘下，另一只雕越过山谷。箭一般地飞走了。

次郎终于打下了一只雕，可不知道为什么，此时的他内心里却反而冒出几分失落和沮丧，丝毫没有成功后的喜悦。次郎走向前去，在草地上的那只大雕闪着光泽的翅膀依然美丽，依然雄姿勃发。

刚开始，次郎以为大雕已经死了，可当他走近时，才发现大雕那锐利的眼睛正无所畏惧地逼视着自己，并且开始竭力挣扎着，试图站起来。突然，大雕竟然拖着一只受伤的翅膀，狠狠地向次郎冲过来。

次郎也毫不示弱，迎面冲上去，骑在了大雕身上，并用绳索牢牢将它捆绑了。看到这只虽败尤勇的大雕，次郎不禁怦然心动，竟情不自禁的喜欢上了这只年轻的雕。

次郎决定将家里的鸡舍扩建修筑牢固，把这只年轻的雕养在里面。

第二日早晨，次郎起床后第一件事就是去鸡舍看看，只见那只雕依然站在昨天站立的地方，依然睁大着眼睛，直瞪着次朗。次郎将一只鹿腿扔给大雕，没想到它竟然连看都不看一眼。

然而，一连几天，次郎每天扔给它食物，雕却总是不吃，它似乎在用绝食与次郎对抗。慢慢地，它的身体越来越虚弱，翅膀也失去了原有的光泽。如果长此下去，雄雕会饥饿而死，次郎为此一筹莫展。

但次郎依然锲而不舍，他相信“精诚所至，金石为开”。七天之后，雕终于偷偷地吃了次郎扔给它的肉。一个月之后，它开始当着次郎的面吃食了，次郎感到自己慢慢地被这只大雕接受了。

不知不觉，这只年轻的雄雕已经在次郎的鸡棚里度过半年的时光，现在雕已经完全和次郎成了朋友。

秋天来了，从北方吹来的风一天比一天冷，鸟儿们都开始向南迁徙。有一天的黎明时分，天空中突然传来了久违的雕鸣，那一声又一声“嗷嗷”的叫声，似乎唤醒了鸡舍里的雄雕记忆深处的东西。于是，它也热情地回应着那只正在天空盘旋的大雕。这时，空中的雕慢慢向这边靠近，并开始在鸡棚上空盘旋。鸡棚里年轻的雄雕，静静地盯着它。突然，它似乎发现了什么，猛地扇起翅膀，大声叫着。

原来，雄雕突然发现，那只正在鸡舍上空盘旋的大雕正是曾与自己共患难的伴侣，正是那只被枪弹打散的雌雕。它按捺不住心中的喜悦之情，很显然，在空中飞行的雌雕也发现了鸡舍里的雄雕，雌雕也大声叫着，向鸡舍呼唤……

这时，次郎也发现了天空中出现的那只大雕。不过，他并没有认出那是他昔日的敌手雌雕，所以，他只是将它轰走了。

从此以后，雄雕又恢复了刚被俘虏时的那种固执，它不再跟以前一样安心了，要么就在狭窄的鸡棚里闹腾，要么就盯着蓝天陷入沉思。但是，每次在次郎离开鸡舍后，雄雕就在鸡棚里转来转去，用嘴去啄那道铁丝网，用爪去刨鸡舍边的泥土。它的目的是看看鸡棚里有没有能够逃离的地方。

而那只雌雕自从找到了雄雕后，也在黎明和黄昏，一天两次地飞到鸡舍上空，每次都发出“嗷嗷”的叫声，那声音似乎在呼唤自己的爱侣。每当听到空中的呼唤，雄雕就大叫大闹地想逃出鸡棚，可是，不管它怎么冲撞，也不能冲出铁丝网。

雄雕又开始绝食，可没多久，次郎就看到一只巨大的雕猛地从鸡舍上空飞过，准确地将一块肉从鸡舍顶棚的栅栏缝中扔进来，而那只鸡舍里的雄雕则迅速将食物囫囵吞下。

一连几天，次郎都在暗地里偷偷地观察，终于他认出那只每天都来偷偷看望雄雕并给它送食物的，正是原先那只曾与雄雕并肩战斗过的雌雕！这种鸟类的忠诚和爱情深深地打动了次郎，他觉得，如果让这对生死伴侣天各一方，自己也未免太残忍了。于是，次郎决定给雄雕自由，让这对雕伴侣团聚！

那一天，次郎把鸡舍的门完全打开，雄雕先向前试探性地迈了几步，然后终于迈出了鸡舍的大门。它回头最后看了一眼次郎，猛然扇动着翅膀，向碧蓝的天空冲去。

雄雕绕着鸡舍盘旋了三周，最后向东南方向飞去。次郎仰着头，瞧着渐渐消失在远方天空的雄雕，不禁流下了热泪。

冬天很快就到了。一天早晨，次郎独自在火炉旁喝茶，突然他听到了一阵慌乱的狗叫声，次郎赶紧跑出门去，只见在鸡舍前的雪地上，赫然站着自己日思夜想的年轻的雄雕。那雕一见到次郎，“啪”地展开翅膀，喉咙深处发出含混不清的声音，仿佛在说：“我回家了。”

一见雄雕，次郎又惊又喜：“你回来了！你没有忘记我啊！”

说着，次郎急忙跑进厨房，拿出捕来的兔肉靠近雄雕。雄雕挺起胸，用锐利的爪子紧紧地抓住次郎手上的兔肉，但它并没马上吃掉它，而是用爪子牢牢地抓住，然后头也不回地向远方的天空飞去。

又一个傍晚，雄雕再次出现了，它停留了片刻，在获得一块鸡腿后，又飞走了。以后，每隔一天，雄雕都会在傍晚的那个时刻归来，并且每次都是将食物抓住，然后就急匆匆地转身而去。次郎不禁心生怀疑："为什么雄雕每次都是独自出现？怎么没有见到那只与它生死与共的伴侣呢？"

次郎决定跟随雄雕，看看究竟发生了什么事。当雄雕又一次飞来时，次郎仔细地观察了雄雕飞走的路线，根据它飞行的方向，次郎分析出了它的栖息地。随后，次郎带着猎狗直奔那个方向而去。

第二天下午，在东山一座石壁前，他突然看到一只大雕缓缓地俯冲下去，次郎赶紧向前跑去，快接近石壁时，他放慢了脚步。这时，他看到石壁底下的一个山洞里，有一个雕巢。

次郎首先看到了那只雄雕，雄雕发现前方有人来，警觉地竖起脖子，做出拼死一决的姿态。当它看到次郎时，马上就平静下来，但却用翅膀紧紧地护住洞口。次郎朝洞口一望，只见里面还有一只雕，那只雕勉强地挣扎着，用充满敌意的目光死死地盯着次郎。次郎认出了它正是那只雌雕，显然它负伤了，无法再飞起来。

僵持了很久，在次郎把身上的食物扔给雄雕后，雄雕总算允许次郎接近雌雕。次郎发现，雌雕的翅膀和腿部都受了伤。直到这时，次郎才明白：原来，雌雕受伤后，雄雕只好独自去为雌雕寻找食物，可是，在这大雪纷飞的冬天，对雄雕来说，要单枪匹马地找到足够两只雕吃的食物显然很难。这时候，雄雕想到了去找它的人类朋友求助，次郎又一次深深地被感动了。

次郎决定不再打扰这对生死相依、患难与共的雕伴侣。那个冬天，雄雕每隔一两天就会准时来到次郎的鸡舍，每次次郎都会把一些肉交给雄雕。直到第二年的春天，那只雄雕停止了"探亲"。

有一天，次郎忽然看见晴朗的天空中飞来一对大雕，它们在次郎的小屋上空盘旋着，"嗷嗷"地叫着，随后就向遥远的群山飞去。次郎知道，雌雕的伤已经复原了，它们又可以结伴自由地翱翔在广阔的蓝天了，这是它们远行前向亲人举行的一次告别仪式。

【解读】

人和动物有区别吗？毫无疑问，回答是肯定的。但人和动物就只有区别吗？不，人和动物是有区别，但也有相同之处。它们身上也有人类自以为特有的某些感情，如爱情、亲情和友情等。所以，只要人类愿意以平等的态度对待它们，就能得到它们的友情。

藏羚羊的跪拜感动了他

【名言】

大自然是善良的慈母，同时也是冷酷的屠夫。

——【法国】雨果

【故事】

猎人巴桑一辈子都靠打猎为生。在狩猎生涯中，他积累了丰富的经验。无论春夏秋冬，无论阴晴雨雪，无论任何猎物都逃不过他的眼睛。因此，在藏北地区人们都叫他猎人王。

猎人王的长相很普通，他肩披长发，留着浓密的大胡子，脚蹬长统藏靴。那支磨得油光的杈子枪斜挂在他身上，身后的两头藏牦牛驮着沉甸甸的各种猎物。在距今三四十年前，政府还允许狩猎，因此那时枪杀、乱逮野生动物是不受法律惩罚的。

一天早上，天气晴朗，巴桑从帐篷里出来，伸了个懒腰，正准备喝一碗酥油茶时，一抬头，突然发现不远处的山坡上，有一只肥肥壮壮的藏羚羊。他心里一阵高兴，在清早就有送上门来的美事，他丝毫都没有犹豫，转身回到帐篷拿出了杈子枪。

巴桑慢慢接近了藏羚羊，举枪向它瞄起来。就在他将要扣动扳机的瞬间，那只羚羊也没有逃走，只是用企求的眼神望向他，然后向着他，两条前腿扑通一声跪了下来。与此同时两行长泪就从它的眼睛里流了下来。伴随着枪声，那只羚羊倒了下来。它倒地后的姿势仍是跪卧着，两眼里还在流着眼泪。

次日，巴桑怀着忐忑不安的心情对那只藏羚羊开膛扒皮，他的手仍在颤抖。腹腔在刀刃下打开了，他吃惊得叫出了声，手中的屠刀“咣当”一声掉在地上……

原来在藏羚羊的肚子里，静静地卧着一只小藏羚羊，它已经成型，自然是死了。这时候，巴桑才明白为什么藏羚羊的身体肥肥壮壮，也明白为什么它要弯下笨重的身体为自己下跪：它是在祈求猎人留下自己孩子的一条命呀！

巴桑的开膛破肚半途而停。他的眼前老是浮现着给他跪拜的那只藏羚羊。这是他几十年狩猎生涯中惟一见到的一次情景。夜里躺在地铺上他久久难以入眠，双手一直颤抖着……

当天，他没有出猎，在山坡上挖了个坑，将那只藏羚羊连同它那没有出世的孩子一同掩埋了，同时埋掉的还有他的杈子枪……

很明显，那只藏羚羊的跪拜感动了他，一个打猎多年的老猎人。从此，巴桑在藏北草原上消失了，没有人知道他的下落。

【解读】

人类素来以万物之灵自居，自以为是世间万物的主宰，有支配大自然的权利。实际上，这是一种错误的观念！和所有的动物一样，人类也属于大自然，是大自然的一部分。与大自然平等相处，不但能彰显人性的光辉，也能受到大自然的启发。

增强参与意识，树立平等、开放的发展观念

法国思想家皮佑曾说：“社会的目的在于尽可能地给它自己每个成员以必要的福利，保证每个成员能够满足自己真正的需要，而每个成员对社会应尽的义务则是为大众福利贡献自己的全部能力，以报答自己所获得的福利。”

在自由、民主的社会制度下，每一个人都是社会的主人，每一个人都在享用社会发展带来的成果。与之相对应的是，每一个人都应该增强参与意识，树立平等、开放的发展观念，在实现自身价值的同时，为社会建设添砖加瓦！

内举不避亲，外举不避仇

【名言】

以公灭私，民其允怀。

——《尚书·周官》

【故事】

祁奚（约公元前620年～前545年）是中国历史上著名的政治家，以“内举不避亲，外举不避仇”著称于世。祁奚姬姓，祁氏，名奚，字黄羊，本是晋公族献侯之后，父为高梁伯，因食邑于祁，遂以祁为氏。春秋时期，男子称氏不称姓，所以人们便叫他祁奚或祁黄羊。

祁奚为官60余年，始终忠公体国，急公好义，誉满朝野，深受人们的爱戴。至今，人们仍在盛赞他以国为重，不挟私见、私怨，公平对待每一个人的良好品德。

祁奚所处的时代是周天子暗弱，无力统驭天下，王室大权旁落的时代；是“春秋无义战”，大国争霸，强者为伯，挟天子令诸侯的时代；也是晋文公称霸中原后，其子孙后代政治上无所建树，朝政日趋腐败，晋国面临危机日重的时代。

恰在这时，荒淫奢侈的晋厉公死于非命，晋悼公临位。悼公立志要复兴文公霸业，重振晋国国威。他重整吏治，调整百官，任贤用能，准备大干一番。在这种情况下，久以贤良称著、无私钦誉的祁奚被推上了中军尉的宝座上。晋国另一位贤能之臣羊舌职便任命为他的副手。

三年之后，年愈半百的祁奚觉得自己年老力衰，精力不济，恐有负国家希冀，阻塞贤才仕途，便以年迈告老，请求悼公另选良臣。

悼公见他辞恳言切，便准他告老并请他推荐继任者。于是，祁奚举荐了解狐。解狐颇有才能，在民间的威望也很高。不过，他和祁奚有着不共戴天之仇。原来，解狐年轻时曾误杀了祁奚的父亲。满朝文武没有不知道这件事情的。

晋悼公见祁奚向自己推荐解狐，诧异地问：“解狐不是与你有仇吗？”

祁奚答道：“您问我谁可以胜任此职，又没有问我可与我有仇！不管是谁，只要他能胜任中军尉之职，我们都要平等地对待他们呀！”

晋悼公觉得祁奚所言有理，便接受了他的建议，命解狐接任中军尉。然而，解狐尚未到职，便因重病缠身而一命呜呼了。

晋悼公急忙召见祁奚，让他再行举荐。祁奚回答说：“祁午可以继任此职。”

晋悼公问：“祁午不是你的儿子么？”

祁奚坦然回答：“您让我推荐的是适合此职之人，又没有问他是否为我的儿子！难道因为祁午是我的儿子，我就要区别对待吗？”

晋悼公再次接受了他的建议，任命祁午为新任中军尉。祁午果然很有才能，把中军治理得井井有条，十分强大。这时，有人对晋悼公说：“择臣莫若君，择子莫若父。祁午自幼好学而不戏，守业而不淫；成年后，和安而好敬。每临大事，镇定自若，非义不举。他父亲举荐他是对的。”

不久，任中军尉辅佐之职的羊舌职又死了。晋悼公又请祁奚举荐合适人选。这一次，祁奚举荐了羊舌职的儿子羊舌赤。晋悼公对祁奚所荐之人，统统给以录用。就这样，两个儿子，分别接替了两位父亲的职位，祁午为中军尉，羊舌赤为中军尉佐。

孔子得知此事后，赞扬说：“祁奚是个善于举荐贤良的能臣啊。他推举仇人，不是为取媚于天下；举荐儿子，不是因为偏爱己私；举荐辅佐，也不是结伙营党；完全是为国荐贤，唯才是举。”

公元前557年，晋悼公去世，平公继位为新君。晋平公一上位，就颁布诏命，擢升祁奚为公族大夫。他知道，像祁奚这样能公平对待每一个人的长者一定能把国家治理好的。祁奚拒绝了晋平公的好意，以年老为由，回乡休息去了。

五年后，范士丐为正卿主持国政，驱逐公族栾盈，杀羊舌虎，囚禁羊舌肸（叔向）。乐王鲋去监狱探望，见到羊舌肸，告诉他说：“我要为你对平公说情，请他释放你。”

羊舌肸拒绝说：“这事必须请祁奚大夫！”

羊舌氏的家臣问羊舌肸说：“乐王鲋是晋侯的随臣，他愿为你向晋侯求情，肯定能够成功。为什么还一定要请祁奚？”

羊舌肸说："乐王鲋从不敢违抗主公的意愿，他的意见晋侯不会采纳的。祁大夫外举不弃仇，内举不失亲，他不会独独遗弃我而不顾。"

已经告老休息的祁奚，听说羊舌肸因兄罪被囚，果然立刻乘坐"专车"由祁直奔晋都拜见范士丐。他对范士丐说："《诗经》说：'赐给我们的恩惠没有边际，子子孙孙永远保持它。'《尚书》说：'智慧的人有谋略训诲，应当相信和保护。'羊舌肸长于谋划而少有过错，教诲别人而不知疲倦，他是国家的柱石，即便是他的十代子孙有过错，也还要赦免，以此来勉励有能力的人为国家效命。现在一旦因兄罪而得祸，便要被处死，难道不会使人困惑吗？鲧被流放而死，他的儿子禹却兴起；伊尹放逐太甲，后来又做了他的宰相，太甲始终没有怨恨他；管叔、蔡叔因叛乱而被杀，其兄周公却能辅佐成王，匡复天下。现今羊舌肸却要因其兄羊舌虎有罪而被囚被杀？你要做善事，谁敢不努力，多杀人干什么？"

范士丐听罢祁奚之言，面露喜色，送祁奚乘车而去，然后释放了被株连的羊舌肸。出于公心的祁奚虽然拯救了羊舌肸，却并不与之相见，直奔家乡。羊舌肸获释后也没有告诉祁奚，以示感谢，而是直接去朝见晋侯。

【解读】

祁奚一生以国为重，始终将自己视为国家的一分子，积极参与朝政。他的这种参与意识鞭策教诲每一位身负国事的后人。更为难得的是，他在参与朝政的过程中始终能够平等地对待每一个人，不管那人是他的仇人，还是儿子。青少年朋友们也要学习他这种"内举不避亲，外举不避仇"的平等精神，树立平等、开放的发展观念，铺平自己的成才之路。

鲍叔牙举贤重能荐管仲

【名言】

不审不聪则缪，不察不明则过。

——《管子·宙合》

【故事】

管仲（? ~前645年），名夷吾，谥敬，仲是他的字，所以世称管仲，又称管子。他是春秋初期齐国著名的政治家、哲学家。

任齐国上卿（即相国）期间，他辅佐齐桓公，对内政外交政策进行全面的改革，制定了一系列富国强兵的方针策略。他合理征收赋税，减轻农民负担，以达到“民富”“民安”；改进国家管理体制，发展民间武装力量，并统一军政的领导；运用国家力量发展盐铁事业，增加财政收入；采取“尊王攘夷”的外交策略，采取外交的主动权。

经过数年的发展，齐国国富兵强，成为了当时第一大国。齐桓公也成为了春秋时期第一个称霸诸侯的国军。而管仲则获得了“春秋第一相”的美誉。诸葛亮隐居在南阳隆中的时候，经常自比管乐。这里的“管”就是指管仲，“乐”是指燕国名将乐毅。

管仲所以有所作为，除了自身拥有卓越的才干之外，最主要的还是因为鲍叔牙的大力举荐和齐桓公的不计前嫌。管仲出身于颍上（今安徽省颍上县）的一个没落贵族之家。由于父亲早逝，他不得不过早地踏入社会，承担起养家糊口的责任。

管仲曾经和他的好友鲍叔牙合伙做生意。尽管一样地出资出力，但分利的时候，管仲总要多拿一些。别人都为鲍叔牙鸣不平，鲍叔牙却说：“管仲不是贪财，这是因为他家里穷啊！”

管仲几次帮鲍叔牙办事都没办好，三次做官都被撤职，别人都说管仲没有才干，鲍叔牙又出来替管仲说话：“这绝不是管仲没有才干，只是他没有碰上施展才能的机会而已。”

更有甚者，管仲曾三次被拉去当兵参战，却三战三逃。人们讥笑地说他贪生怕死。鲍叔牙却替他解释说：“管仲不是贪生怕死之辈，他家里有老母亲需要奉养啊！”

鲍叔牙这种宽以待人的精神，深深地感动了管仲，他说：“生我者父母，知我者鲍子啊！”

后来，齐襄公的弟弟公子纠发现管仲是个人才，便要他当了自已的谋士。而鲍叔牙呢，却偏偏被齐襄公的另一个弟弟公子小白看中，请去当军师了。就这样，两个好朋友各自辅助一个公子。

可是好景不长，昏庸的齐襄公总是疑心他两个同父异母的弟弟要篡夺他的王位。就让手下的人找机会干掉公子纠和公子小白。公子纠惶恐不已，立即带着管仲就跑到了鲁国去了。公子小白也带着鲍叔牙跑到了莒国避难去了。

公元前686年的冬天，暴虐的齐襄公被手下的将士杀死。他的弟弟公孙无知被齐国大臣拥立为新的国君。公孙无知的宝座还没坐热，也被手下大臣给杀掉了。齐国没了国君，举国上下一片混乱。

流亡在莒国的公子小白和寄居在鲁国的公子纠得到消息后，都觉得自已继承王位的机会来了，急忙打点行装，要回国争夺王位。

管仲提醒公子纠说："公子小白所在的莒国离齐国很近，如果他先我们一步回到齐国，我们就没戏了。我看还是我先带一队人马去拦截公子小白，让鲁国派大将曹沫带另一队人马护送您回国。"

公子纠笑答："好主意！"

当管仲带人马赶到莒国和齐国的交界处，正碰上鲍叔牙带领一队莒国人马护送公子小白飞驰而来。管仲上前拦住去路。公子小白说："你拦着我干什么，我得赶快回国办丧事去啊！"

管仲说："您的哥哥公子纠已经回到齐国操办此事了，我看您还是返回莒国好好待着吧！"

鲍叔牙虽然和管仲平日有手足之情，但现在是各为其主啊！他瞪着眼睛喝斥管仲："我们公子回国有自已的事情，如果公子纠真的回到了齐国，那你干嘛带人来拦截我的主公呢？"

管仲谎言被揭，脸色通红，一时无言以对。

鲍叔牙不敢耽搁，命令部队火速前进。管仲见状，急得要命，心一横，搭弓取箭，朝着车上的公子小白用力射去。小白大叫一声，栽倒在车上。

管仲见大功告成，便带着人马飞逃而去。没想到管仲这一箭恰好射在公子小白的带钩上，一点没伤到人。好在公子小白知道管仲的箭法厉害，要是再补上一箭他就没命了，于是他才大叫一声装死倒在车里。见管仲跑了，他才长长的出了一口气。

鲍叔牙见公子小白平安无事，大喜！立刻命部队抄小路向齐都全力疾驰。

管仲自以为射死了公子小白，就不慌不忙地护送公子纠向齐国进发。结果到齐、鲁边界的时侯，一个齐国的使者拦住了他们的车马，使者说："我奉齐国新君王公子小白之命，前来通知鲁国，请你们不必送公子纠回国了。”

公子小白就是历史上著名的齐桓公。鲍叔牙帮齐桓公登上王位，又帮他杀了公子纠，齐桓公感激不已，多次提出要任命他作相国。

没想到，鲍叔牙死活不肯接受，他说：“以前我帮君王做了些事情，那是因为我对您的忠心耿耿啊！再说，那些事情也不需要什么才能，只要竭尽全力就可以了。现在您要把相国这么重要的职务交给我，这绝不仅仅凭我的忠心就可以做好的。您该找个比我更有才能的人才行啊！”

齐桓公说：“在我手下的大臣中，还没发现比你更出众的人才呢！”

鲍叔牙说：“我举荐一个人，保证能帮您成就一番霸业！”

齐桓公急忙问他：“这个人是谁呢？”

鲍叔牙笑着说：“此人就是我的老友——管仲，我把他从鲁国要回来，就是要他帮您的！”

齐桓公一听就火了，他拍案而起，怒道：“这小子拿箭射过我，这一箭之仇我还没报呢，你反而让我来重用他？我不把他杀了就不错了！”

鲍叔牙恳切地说：“管仲不顾一切地为公子纠卖命，用箭来射杀您，这不正好说明他对他的主子是一个非常讲忠义的人吗？各为其主是起码的做人准则，他当时那样做没什么不对的，现在要治国了，若论才华，他远远超过我鲍叔牙啊！您要成就霸业，非得到管仲的辅佐不成。您现在不计前嫌地重用他，他唯一的出路就是死心踏地的为您卖命啊！”

齐桓公是个很有肚量的人。他觉得鲍叔牙说的很有道理，要想成就大业，就得一视同仁地对待天下有才之人，不管他是否曾经与自己为敌。于是，他便听从了鲍叔牙的劝说，不计前嫌，拜了管仲为相国。后来，他果然在管仲的辅佐下成为了春秋时期的第一位霸主！

【解读】

管仲和鲍叔牙都是参与意识极强的人。在各为其主的情况下，他们不惜撕破脸皮，努力为自己的主公争取权益。但到了大局已定之时，鲍叔牙又能不计前嫌，以平等的态度对待管仲，极力向齐桓公推荐他。这不但体现了他的博大胸怀，也体现了他开放、长远的发展眼光。更加难能可贵的是，齐桓公也有这种胸怀。像管仲、鲍叔牙、齐桓公这样参与意识强、具有平等、开放发展观念的人在一起做事，还有什么不能成功的。如果青少年朋友都有这种胸怀，恐怕距离成功也就不远了。

李斯劝秦王，上《谏逐客书》

【名言】

公正无私，一言而万民齐。

——《淮南子·修务训》

【故事】

李斯，字通古，战国末年楚国上蔡（今河南省上蔡县西南）人，中国历史上著名的著名的政治家、文学家和书法家。

据《史记·李斯列传》记载，李斯年轻时在楚国担任小吏，颇不得志。有一次，他看到附近厕所里的老鼠在吃脏东西，每逢有人或狗经过，便惊惶地逃跑。后来，他又走进粮仓，看到粮仓中的老鼠，吃的是干净的粮食，住在大屋子之下，还不用担心人或狗的惊扰。

李斯慨然叹息道："人和老鼠一样，这一生有没有出息，是为善还是作恶，完全是由他所处的环境决定的。"

于是，李斯便产生了放弃官位，外出闯荡的想法。不久，他就离开楚国，拜先秦的最后一位儒家——荀子为师。荀子博学深思，其思想学说以儒家为本，兼采道、法、名、墨诸家之长。且颇有向法家转变的趋势。李斯与韩非皆崇尚法家正是得到了老师的亲传。与周游列国的先辈理论家不同，李斯更愿意直接参与政治。

学成后，李斯分析了当时的形势，认为"楚国不足事，而六国皆弱"，唯有秦国具备统一天下，创立帝业的条件，于是他决定到秦国去施展自己的才能与抱负。

李斯到了秦国以后，很快就得到秦相吕不韦的器重，当上了秦国的小官，有了接近秦王的机会。一次，他对秦王说："凡是干成事业的人，都必须要抓住时机。过去秦穆公时虽然很强，但未能完成统一大业，原因是时机还不成熟。自秦孝公以来，周天子彻底衰落下来，各诸侯国之间连年战争，秦国才乘机强大起来。现在秦国力量强大，大王贤德，消灭六国如同扫除灶上的灰尘那样容易，现在是完成帝业，统一天下的最好时机，千万不能错过。”

李斯的见解是正确的，秦王还听取了他离间各国君臣之计——“诸侯名士可以下财者，厚遗结之；不肯者利剑刺之。”对于六国，他还提出了“先灭韩，以恐他国”的吞并顺序。

秦王大喜，立即采纳了他的建议。不久，李斯就迅速升为长史，以至客卿。就在这时，秦国发生了两件大事。第一件事是掌控秦国朝政大权数十年的相国吕不韦倒台了。吕不韦原是阳翟（今河南省禹县）地方的一个富商，因为帮助庄襄王取得王位，当上了相国。吕不韦当相国以后，也学孟尝君的样子，收留了大批门客，其中有不少有能力的人是从其他诸侯国来的。

吕不韦一倒台，秦国一些贵族、大臣就议论起来，说列国的人跑到秦国来，都是为他们本国打算，有的说不定是来当间谍的。他们请秦王把客卿统统撵出秦国。

第二件事情是郑国间谍事件。郑国是韩国人，善于修建水渠。韩国怕被秦国灭掉，便悄悄派水工郑国到秦鼓动修建水渠，借以削弱秦国的人力和物力，牵制秦的东侵计划。水渠快修成的时候，郑国的间谍身份暴露了。

秦国上下一片震怒。秦王也下定了决心，要把列国入秦的客卿全部赶出秦国，其中自然包括李斯。李斯想，自己自从入秦以来，一直兢兢业业，努力为秦国服务，秦王怎么能因为自己不是秦国人就赶走自己呢？这也太不公平了吧！

李斯越想越不服气，便在离开咸阳时候给秦王上了一道奏章。这道奏章就是历史上有名的《谏逐客书》。

李斯在奏章上说：“我听说群臣议论逐客，这是错误的。从前秦穆公求贤人，从西方的戎请来由余，从东方的楚国请来百里奚，从宋国迎来蹇叔，任用从晋国来的丕豹、公孙支。秦穆公任用了这五个人，兼并了二十国，称霸西戎。秦孝公重用商鞅，实行新法，移风易俗，国家富强，打败楚、魏，扩地千里，秦国强大起来。秦惠王用张仪的计谋，拆散了六国的合纵抗秦，迫使各国服从秦国。秦昭王得到范雎，削弱贵戚力量，加强了王权，蚕食诸侯，秦成帝业。这四代王都是由于任用客卿，对秦国才做出了贡献。客卿有什么对不起秦国的呢？如果这四位君王也下令逐客，只会使国家没有富利之实，秦国也没有强大之名。”

李斯还说，秦王的珍珠、宝玉都不产于秦国，美女、好马、财宝也都是来自东方各国。如果只是秦国有的东西才要的话，那么许多好东西也就没有了。李斯还在信中反问：为什么这些东西可用而客就要逐，看起来大王只是看重了一些东西，而对人才却不能重用，其结果是加强了各国的力量，却不利于秦国的统一大业。

明辨是非的秦王觉得李斯所言有理，果断地采纳他的建议，立即取消了逐客令。李斯也被追了回来，委以廷尉的重任。

这时，即将被杀的郑国也向秦王进言：韩国让秦国大兴水利建设工程，当初的目的是消耗秦国实力，但水渠修成之后，对秦国也是有利的。尽管兴修水利，减轻了秦国对东方各国的压力，让韩国多存在几年，但修好渠却“为秦建万代之功”。秦王觉得郑国的话有道理，决定不杀郑国，让他继续领导修完水渠，这就是后来闻名于史的郑国渠，它对发展繁荣秦国的经济，起到了一定的作用。

经过这一次反复，秦国仍旧坚持招揽和重用外来客卿的传统，像对待秦国本国人一样公平地对待他们。不久，魏国大梁人尉缭等人先后来到秦国。他和李斯等来自他国的客卿一样，都为秦王一统天下，建立中国历史上第一个中央集权的封建国家秦朝立下了不朽的功绩！

【解读】

李斯的《谏逐客书》反复强调，只有平等地对待列国入秦的客卿，秦国才能强大，秦王才能一统天下。秦王正是从这一点出发，才采纳了他建议。不过，不可否认的是，李斯上《谏逐客书》的直接目的并不是帮助秦王一统天下，而是为自己和列国客卿争取一个平等的机会，参与秦国朝政。也就是说，平等并不是时时都有的。大多时候，这种机会都要靠自身的努力，主动争取。

狄青“不以出身论英雄”

【名言】

衡之于左右，无私轻重，故可以为平；绳之于内外，无私曲直，故可以为正。

——《淮南子·主术训》

【故事】

狄青（1008～1057），字汉臣，北宋汾州西河（今山西省汾阳市）人。据史书记载，狄青16岁时因代兄受过而充军，开始行伍生涯。他从小练得一身武艺，骑马射箭，十八般武艺，样样精通，再加上胆壮力大，逐渐得到了军事主官的赏识，被提拔为下级军官。

1038年，李元昊在西北称帝，建立西夏。建国之初，西夏兵强马壮，经常出兵侵扰北宋的西部边境。宋仁宗忧心不已，立即组织军队，加强西部边境的防守力量。

正是在这种背景下，狄青被编入野战部队，到陕西保安（今陕西省志丹县）戍边。狄青刚到保安，西夏部队就大局来犯，大有一举消灭宋军的势头。宋军守将卢守勤奋起抵抗，率部和西夏军厮杀数场，均以失败而告终。

宋军士卒都被打怕了，一听说西夏军来犯，个个吓得瑟瑟发抖，龟缩在城池中不敢迎战。为了提高部队的士气，卢守勤想尽了办法，但一点效果也没有。就在这时，出身寒微的下级军官狄青主动找到卢守勤，要求担任先锋，抗击西夏军。

卢守勤瞅了瞅狄青，轻蔑地说："就凭你也想担任先锋，抗击西夏军？这简直是痴人说梦！"

狄青诚恳地回答说："自古英雄不问出处，大人为何如此轻视末将呢？更何况，方今之际，只有打一场胜仗才能提高部队的士气。"

卢守勤见狄青说得有理，便拨给他一支人马，跟前来进犯的西夏军交战。

上阵前，狄青先换了一身打扮。他把发髻打散，披头散发，头上戴着一个铜面具，只露出两只炯炯的眼睛。他手拿一支长枪，带头冲进敌阵，东挑西杀。西夏兵士自从进犯宋境以来，没有碰到过这样厉害的对手。他们看到狄青这副打扮，已经胆寒了。经狄青和宋军猛冲了一阵，西夏军的阵脚大乱，纷纷败退。狄青带领宋军冲杀过去，打了一个大胜仗。

捷报传到朝廷，宋仁宗十分高兴，把卢守勤提升了官职，狄青提升四级。宋仁宗还想把狄青召回京城，亲自接见。

就在这时，西夏军又大举进犯渭州。宋仁宗十分惶恐，立即调狄青前去抵抗。如此一来，召见狄青面圣的计划也就取消了。宋仁宗只好叫人给狄青画了肖像，送到首都东京（今河南省开封市）。

狄青到了渭州，立即率部与西夏军展开了厮杀。这一仗直打得日月无光，鬼哭神嚎！西夏军在宋军的强大反击下无力支撑，不得不撤军而去。

在随后的几年里，西夏兵不断在边境各地进犯，弄得地方不得安宁。狄青像一个消防员一样，哪里的战事吃紧，他就会出现在哪里。在短短的 4 年时间里，狄青参加了大小 25 次战役，身中 8 箭，但从不畏怯。在一次攻打安远的战斗中，狄青身负重伤，但“闻寇至，即挺起驰赴”，仍旧冲锋陷阵，在宋夏战争中，立下了累累战功，声名也随之大振。西夏兵士一听到狄青的名字，就吓得撤军而去了。

宰相范仲淹到陕西巡查的时候，有人向他们推荐说：“狄青英勇善战，有大将的才干，堪当大任。”

范仲淹正需要将才，听了这话，很感兴趣，立刻召见狄青。两人寒暄过后，范仲淹问：“你都读过哪些书？”

狄青出身寒微，又长年待在战场上，哪有机会读书呢？他如实回答说：“末将识字不多，没读过什么书。”

范仲淹告诫他说：“你现在是个将官了。做将官只靠个人的勇敢是不够的，还必须的博古通今，借鉴前人的军事经验。”

接着，他还给狄青开了一张需要阅读的书目。狄青见范仲淹这样热情鼓励他，十分感激。以后，他利用打仗的空隙时间刻苦读书。过了几年，他把秦汉以来名将的兵法都读得很熟，又因屡立战功，不断得到提升，名声就更大了。

后来，宋仁宗把狄青调回京城，担任马军副都指挥。宋朝有个残酷的制度。为了防止兵士开小差，在兵士的脸上刺上字。狄青当小兵的时候也被刺过字。过了十多年，狄青当了大将，但是脸上还留着黑色的字迹。

有一次，宋仁宗召见他以后，认为当大将脸上留着黑字，很不体面，就叫狄青回家以后，敷上药，把黑字除掉。

狄青回答说：“陛下不嫌我出身低微，按照战功把我提到这个位置，我很感激。至于这些黑字，我宁愿留着，让兵士们见了，知道该怎样上进！”

宋仁宗听了，很赞赏狄青的见识，更加器重他。后来，因为狄青多次立功，被提拔为掌握全国军事大权的副枢密使。

一个小兵出身的人当上枢密使，这是宋朝历史上从来没有过的事。有些大臣嫌狄青出身低，劝仁宗不该把狄青提到这么高的职位，但是宋仁宗也认为不能以出身论英雄，没有听这些意见。

狄青当了枢密使，有人总觉得他的出身和地位太不相称。有一次，一个自称是唐朝名相狄仁杰后代的人，拿了狄仁杰的画像，送给狄青说："您不也是狄公的后代吗？不如认狄公做祖宗吧！"

狄青谦虚地笑了笑说："我本来是个出身低微的人，偶然碰到机会得到高位，怎么能跟狄公高攀呢！"

【解读】

狄青虽然出身寒微，但他从来不以为念。在关键时刻，他以"英雄不问出处"的平等观念为论据，积极向主将卢守勤争取立功的机会，这才得以崭露头角。幸运的是，当时的宋仁宗也能以"不以出身论英雄"的平等态度对待他。两者综合在一起才有了狄青由士兵到枢密副使的传奇经历。青少年朋友们也要学习狄青这种参与意识，努力争取平等的机会，成就自我。

小太监阿丑演戏劝谏明宪宗

【名言】

人人相亲，人人平等，天下为公，是谓大同。

——【清朝】康有为

【故事】

明宪宗（1447～1487年，1465～1487年在位）时，宫中有一个唱戏的小太监，名叫阿丑。他善于幽默，聪明灵活，常常逗得看戏的皇亲国戚捧腹大笑。

阿丑虽然只是一个为皇族演戏解闷的小太监，但从来不以身份低微而自卑，他秉性耿直、嫉恶如仇。更为难能可贵的是，他的参与意识很强，常常用演戏的方法劝谏明宪宗，让其重贤任能。

明宪宗昏庸无道，信任欺上瞒下的太监汪直，并任命他为西厂的总管。汪直掌握了大权后，不分昼夜地刺探官民的动向，还常常牵强附会，胡乱定罪，被他投进大牢的人不计其数。一时间民怨沸腾，朝廷诸臣却敢怒不敢言。

皇上不但觉得汪直对自己忠心耿耿，极力重用，而且对巴结汪直的左都御史王越和辽东巡抚陈钺两人也宠爱有加。这两个官员依仗汪直的权势专横跋扈、尖酸刻薄，不但不择手段地排挤和他们意见分歧的朝臣，还陷害了不少正直刚烈的大臣。由于这三个人，上至朝廷官员，下至黎民百姓，个个人心惶惶，国家一片纷乱。

许多一心为国的正直大臣向明宪宗进谏，揭露汪直三人的专横，陈说他们权势过重的危害和仇怨众多的严重性。可是皇上对此却充耳不闻，觉得是其他大臣对自己的忠臣心生嫉妒、蓄意诽谤。因此只要有前来劝谏的大臣，他或断然拒见，或者厉声呵斥，态度十分顽固。

阿丑早就对汪直等人心存不满，但见到诸大臣直谏不行，反而碰一鼻子灰。他于是决定寻机委婉地劝谏宪宗。他费劲心思编排了两出戏目，一直等着皇上前来观看。

一天，宪宗正为大臣们上奏弹劾汪直的事情心烦，为了散心就前来看阿丑演戏。阿丑兴致勃勃地表演第一出戏，转眼间他就从一个太监变成了一个酗酒者。这个醉鬼跌跌撞撞地四处走动，指天指地地谩骂。另外一个戏子上台了，他扮演的是一个过路人。只见过路人慌忙上前，搀扶着醉鬼，说："某官到了，你还在这儿游荡，是大不敬啊！"

醉鬼置若罔闻，依然我行我素。过路人又对他说："御驾到了！我们赶快让道吧！"

醉鬼依然谩骂不止，不理不睬。过路人又说："宫中汪大人到了。"

醉鬼立即慌了手脚，酒也醒了大半，紧张地环顾四周。过路人好奇地问："皇帝你尚且不怕，还怕汪太监？"

醉鬼慌忙捂住过路人的嘴巴，低声说："不要多嘴！汪太监可不是好惹的，我怕他！"

宪宗看到这里不禁紧锁眉头，若有所思，一会儿就离开了。

第二天，皇上又来看戏，并且点明要看阿丑的戏。阿丑按照自己的计划把排练好的第二出戏搬上了戏台。

这一次，阿丑竟然装扮成汪直，穿上西厂总管的官服，昂首挺胸，左右各拿一把锋利的斧头。只见“汪直”在路上行走，其态如螃蟹，四处横行。又有过路人问：“你走个路还拿两把斧子，不知有何用处？”

“汪直”立即露出不屑一顾的表情说：“你何以连钺都不认识，这哪儿是斧！分明是钺！”

过路人又问：“就算是钺，你持钺何故？”

“汪直”扬扬得意地笑道，“我今日能大行其道全仗着这两钺呢，它们可不是一般的钺！”

过路人好奇地问：“不知它们有何特殊之处？您的两钺为何名？”

“汪直”哈哈大笑道：“你真是孤陋寡闻，连王越、陈钺都不知道么？”

宪宗听后哈哈大笑，心中暗自讥笑自己：你也是孤陋寡闻啊！看罢戏，宪宗立即下达诏书，撤去汪直、王越和陈钺的官职，谪贬外地。

【解读】

宋朝著名的诗人陆游曾在《病起书怀》中写道：“位卑未敢忘忧国。”与陆游相比，小太监阿丑的地位更加卑微，但他不以地位卑微为念，依然积极参与朝政，为天下百姓谋福祉。不过，“事不可以径成者，必以巧”，凡事都能不能蛮干，而要讲究技巧。富有正义感的阿丑巧妙地借助戏剧舞台，发别人不敢发，言别人不敢言，给予明宪宗一个警告，最终除掉了奸臣，真乃忠勇可嘉啊！